AF543595

SingLiesel

Karin Biela

Essen ist fertig!
Plaudergeschichten rund um Heim und Herd

Satz und Gestaltung: Röser MEDIA GmbH & Co. KG, Karlsruhe
Druck: FINIDR, s.r.o.

Printed in Czech Republic

ISBN 978-3-944360-67-6

2. Auflage

www.singliesel.de

Essen ist fertig!

Plaudergeschichten
rund um Heim und Herd

SingLiesel Verlag

Inhalt

Die Geschichten in diesem Buch handeln von einer Familie:

Marion ist die Oma von Alexander. Sie ist die Seele der Familie. Mit Liebe und Erfindungsreichtum löst sie alle Aufgaben ihres abwechslungsreichen Alltags.

Ludwig ist Marions Ehemann. Sein Hobby ist die Modelleisenbahn – sehr zur Freude seines Enkels Alexander. Ludwig ist auch der Meister am Grill.

Alexander ist acht Jahre alt. Nur zu gern besucht er Oma Marion und Opa Ludwig. Dann spielt er mit Opas Modelleisenbahn, tollt mit Hund Charley herum oder spielt Fußball im Garten.

Simone ist die Tochter von Marion und Ludwig. So oft wie möglich besucht sie mit ihrer Familie die Eltern.

Michael ist Simones Mann. Er ist begeisterter Hobbykoch und eifert den berühmten Fernsehköchen nach.

Die Schwiegermama von Marion lebt im Seniorenheim. Marion besucht sie häufig und nimmt auch gern einmal an den Festlichkeiten im Heim teil.

Charley heißt der Hund von Marion und Ludwig. Er ist für Alexander ein perfekter Spielkamerad – und hat eine Schwäche für Grillwürstchen.

Essen ist fertig!

Heute ist Freitag, und freitags kommt Alexander direkt nach der Schule zu Oma und Opa. Die Großeltern freuen sich immer schon auf ihn.

Der Opa, Ludwig, hat zum Wochenende bereits gegen Mittag frei und verzieht sich dann mit seinem Enkel in den Keller. Nur eine Treppe tiefer offenbart sich im Hobbyraum ein Paradies für gemeinsame „Männerabenteuer". Hier widmen sich Opa und Enkel mit Feuereifer der Modelleisenbahn, die fast den ganzen Raum einnimmt. Mit viel Liebe und noch mehr Fingerfertigkeit basteln die beiden an ihrer Eisenbahnlandschaft. Da gibt es mal an der Bahntrasse etwas auszubessern, ein neues Haus wird aufgestellt, oder eine Weide mit kleinen Tierfiguren angelegt. Die Landschaft sieht täuschend echt aus – so kunstvoll sind Bäume, Sträucher und Tiere platziert. Der neueste Clou ist eine Burgruine, die die beiden auf einer Eisenbahnmesse erstanden haben. Opa und Enkel besuchen nämlich auch Messen, Ausstellungen und Tauschbörsen.

Ludwig ist glücklich, seinen Enkel für die Eisenbahn begeistert zu haben. Der Bub hat sich schon viel vom Opa abgeschaut. Wie heißt es so schön: „*Es ist noch kein Meister vom Himmel gefallen.*" Der Opa gibt seine Erfahrung gerne weiter. Beim Fachsimpeln vergessen beide die Zeit. Sie befinden sich in ihrem Reich aus Lokomotiven, Stellgleisen und Bahnhöfen. Völlig versunken sind sie in ihrer Welt und hören nichts mehr um sich herum.

Das ist auch heute so. Die Oma, Marion, ruft nämlich mehrmals: „Essen ist fertig!" Aber weder Opa noch Enkel reagieren. „Nun, da muss ich mir etwas einfallen lassen", denkt sich Marion. Sie holt eine dunkelblaue Mütze aus dem Schrank, wie sie früher die Schaffner trugen. Dieses Schmuckstück, das Ludwig einmal geschenkt bekommen hat, setzt sie sich auf den Kopf. Dann holt sie eine Trillerpfeife aus der Schublade und steigt die Treppe zum Keller hinunter.

Ihre beiden Lieblinge sitzen ganz vergnügt vor einer Dampflokomotive und schauen zu, wie sie ihre Bahnen zieht. Mit einem lauten „Sch-sch-sch-sch-..." rauscht die Oma ins Zimmer und pfeift schrill auf der Trillerpfeife. Erschrocken blicken die bahnbegeisterten Männer auf, und Oma ruft mit tiefer Stimme: „Achtung, Achtung: Essen ist fertig! Bitte begeben Sie sich unverzüglich zu Tisch."

Dieser Aufforderung können die Freizeit-Lokomotivführer nicht widerstehen. Sofort folgen sie ihrem „Schaffner" in die Küche. So schmeckt ihnen das Essen noch viel besser!

Frühstück von Herzen

Zum Valentinstag lässt sich Michael für seine Simone etwas Besonderes einfallen. Glücklicherweise fällt der 14. Februar dieses Jahr auf einen Sonntag, sodass er frei hat und den ganzen Tag mit seinem Schatz genießen kann. Ihr Sohn Alexander ist mit seinem Freund beim Sport und kommt erst am Nachmittag zurück. Das ist fein, denn so ist das junge Ehepaar auch mal allein.

Simone räkelt sich noch gemütlich im Bett. Aus der Küche hört sie leises Geklapper. Michael hat sie gebeten, noch nicht aufzustehen, da er eine Überraschung für sie hat.

Geschäftig deckt er den Frühstückstisch. Dazu holt er aus dem Schrank eine weiße Damast-Tischdecke. Selbstverständlich kommt heute das gute Geschirr auf den Tisch. Die Servietten mit den roten Herzen hat Michael extra in einem Geschenkeladen besorgt. Mit seiner Wahl ist er sehr zufrieden. Nachdem alles eingedeckt ist, stellt Michael den Brotkorb mit frischen Brötchen auf den Tisch, daneben Wurst, Käse, Marmelade und Honig. Als Besonderheit gibt es geräucherten Lachs mit einer selbst gemachten Meerrettich-Sahne-Soße dazu. Er weiß, wie gerne seine Frau das mag! Nun macht er sich an die Spiegeleier und brät sie in der Pfanne, streut ein wenig Schnittlauch darüber, und fertig ist das leckere Frühstück. Ehe er seine Frau ruft, stellt er noch einen riesigen Strauß mit roten Rosen in die Mitte der Tafel. Zu guter Letzt öffnet er sogar eine Flasche Champagner, denn für seine Liebste ist ihm das Beste gerade gut genug.

Dann inspiziert er noch einmal alles, damit auch wirklich nichts fehlt. Siehe da, den Orangensaft hat er vergessen. Sofort presst er

Orangen aus. Während er dann den frisch aufgebrühten Kaffee eingießt, ruft er seine Liebste. Simone kommt im Morgenmantel in die Küche und staunt. „Oh, Michael, so ein opulentes und liebevolles Frühstück hast du für mich hergerichtet!" Die junge Ehefrau strahlt über das ganze Gesicht. Als sie dann noch den prächtigen Rosenstrauß sieht, steigen ihr zwei Freudentränen in die Augen.

Galant serviert Michael die Spiegeleier: Zwei Eier in Herzform liegen eng beieinander auf dem Teller, als ob nichts sie trennen könnte.

Und so empfindet es Simone auch. Sie weiß um ihr Glück, einen so lieben Mann an ihrer Seite zu haben. Das ist wahrlich nicht selbstverständlich, und beide turteln an diesem Vormittag wie zwei verliebte Täubchen um die Wette. „*Glücklich allein ist die Seele, die liebt.*" Das wusste schon der gute alte Goethe!

Berliner zu Karneval oder Krapfen zum Fasching

Am Rosenmontag besucht Marion ihre Schwiegermutter im Seniorenheim. Dort findet heute eine Karnevalsveranstaltung statt. Mit bester Laune und einem bunten Hütchen auf dem Kopf trifft Marion bei ihrer Schwiegermutter ein. Zusammen gehen sie in das Café und staunen über die farbenfrohe Dekoration. Luftschlangen hängen dort zuhauf, und wunderschöne venezianische Masken stimmen auf die „närrische Zeit" ein. An einem gut gefüllten Tisch nehmen sie Platz.

Marion bestellt für sich und ihre Schwiegermutter, die sie liebevoll „Mutti" nennt, eine Tasse Kaffee und die typischen *Berliner*. Die Serviererin sagt freundlich: „Unsere Faschingskrapfen sind ganz frisch!" „Ach ja, hier in Bayern sagt man *Krapfen* dazu", stellt Marion fest. Eine feine ältere Dame am Tisch kommentiert: „Bei uns heißt das *Kreppel*. Ich stamme aus dem Frankfurter Raum."

Jetzt mischt sich ein Herr mit Anzug und Fliege ein und erklärt mit unverkennbarem Berliner Akzent: „Ick esse nur *Pfannkuchen*, und wir sagen auch nicht *Helau* oder *Alaaf*, sondern *Hei-jo*!" In dem Moment kommt die Serviererin und ergänzt lachend: „Mein Mann stammt aus Aachen, und dort nennt man Schmalzgebackenes *Puffel*!"

Nun ist die Verwirrung aber perfekt. So viele Namen für ein und dasselbe Naschwerk. „Ach", spricht Marions Mutti, „das ist doch egal, wie der Kuchen heißt, Hauptsache er schmeckt gut und ist schön locker."

„Genau, Mutti", erwidert Marion und beißt genüsslich in den Berliner. „Und jetzt lass uns gemeinsam Karneval feiern." „Nein, das heißt hier in Bayern *Fasching*", lacht die ältere Dame spitzbübisch.

„Bei uns heißt das *Karneval.* Ich stamme aus Nordrhein-Westfalen mit den bedeutendsten Karnevalshochburgen", erklärt Marion ein wenig stolz. „Was wäre denn der Karneval ohne Köln, Bonn, Aachen und Düsseldorf? Selbst Münster feiert ausgiebig Karneval." „Aber gnädige Frau, dann dürfen Sie auch Mainz und Koblenz in Rheinland-Pfalz nicht vergessen", ermahnt ein als Clown verkleideter Herr. „Die Fastnacht hat dort eine lange Tradition." Die Dame aus Frankfurt meldet sich zu Wort und pflichtet dem „Clown" bei. „Auch in Hessen pflegt man die Bräuche der Fastnacht, um den Winter zu vertreiben – zum Beispiel in Frankfurt, Wiesbaden und Fulda."

„Ja, ick stoße mit allen Närrinnen und Narren an. Lassen Sie uns noch mal jut und kräftig feiern, ehe am Aschermittwoch die Fastenzeit beginnt!" Der Herr aus Berlin erhebt sein Glas und prostet ausgelassen den übrigen Jecken zu.

Vogelhochzeit

Ludwig und Marion haben einen wunderschönen Garten. Ihr Grundstück misst fast 1500 Quadratmeter. Das ist eine stattliche Größe. Das Garten-Paradies ist Heimat von vielen Vögeln wie Blaumeisen, Kohlmeisen, Rotkehlchen, Grünfinken und Amseln. Marion hat auch schon farbenfrohe Stieglitze und hübsche Eichelhäher entdeckt. Manchmal klopft es am Baum: „Tock-tock-tock-tock-tock!" Dann ist ein Specht am Werke. Er sucht Futter oder will mit seinem Geklopfe ein Weibchen anlocken. So ist im grünen Paradies von Marion und Ludwig immer etwas los – gerade zu Beginn des Frühlings.

Damit sich ihre vielen gefiederten Gäste auch heimisch fühlen, hat Marion heute mit Ludwig ein zweites Vogelhäuschen aufgestellt. Ludwig hat es in seiner kleinen Werkstatt im Schuppen gebaut, und man kann sagen, dass er sich selbst übertroffen hat. Das Häuschen ist sehr hübsch anzusehen mit seinem Strohdach und den kleinen Anflugstangen. Es wird als zusätzliche Futterstelle für die vielen Vögel dienen. Ob die kleinen Besucher es bald annehmen werden?

Marion achtet sorgfältig darauf, dass im Vogelhaus immer genügend Futter vorhanden ist – nicht nur im Winter, sondern das ganze Jahr hindurch. Jeden Tag kümmert sie sich darum, dass die Vögel ihre Mahlzeit vorfinden.

Ludwig schüttelt oft den Kopf darüber. Er meint, es reicht, wenn die Vögel in der kalten Jahreszeit gefüttert werden. Danach können sie sich ja wieder selbst ihr Futter suchen.

Marion pflegt dann zu sagen: „Du isst doch auch nicht nur im Winter, oder?“ Heute setzt sie ganz kess nach: „Soll ich mal den ganzen Sommer das Kochen für dich ausfallen lassen? Da würdest du dich aber wundern!“

Ludwig zuckt mit den Schultern und *„macht sich dünne“*. Er geht in seinen Schuppen.

Nach einer Weile kommt er wieder heraus und präsentiert Marion stolz einen selbst gebauten, hübsch angestrichenen Nistkasten, den er gerade fertiggestellt hat. In den Apfelbaum will er ihn hängen. „Dann können deine gut gefütterten Vögel auch Hochzeit feiern“, erklärt er.

Marion ist von dem bunten Nistkasten hellauf begeistert und gibt ihrem Ludwig einen dicken Schmatz. „Ach, Ludwig, wenn ich dich nicht hätte … du denkst eben mit!“ Ludwig antwortet verschmitzt: „Ich freue mich ja auch, wenn es dann im Apfelbaum wieder piept und zwitschert! – Was gibt es heute eigentlich zum Abendessen?“

Osterbrunch

„*Das Fasten ist der Friede des Körpers.*“ Das sagte vor mehr als 1500 Jahren Petrus Chrysologus, der Erzbischof von Ravenna.

Heutzutage erfreut sich das Fasten wieder zunehmender Beliebtheit. Viele Menschen nutzen die kirchliche Fastenzeit dafür. Ludwig und Marion tun dies seit vielen Jahren. Auch einige ihrer Freunde ließen sich anstecken und machen mit.

Ab Aschermittwoch gibt es nur Gemüsebrühe, Gemüse und Obst. Am Anfang ist die Umstellung schwer. Die erste Fastenwoche ist am schlimmsten. Bald jedoch stellt sich der Körper um, und alle fühlen sich sogar sehr wohl. Marion freut sich immer über einen feinen Nebeneffekt: Nach der Fastenzeit passen die Kleider wieder viel besser, und die Waage zeigt weniger Gewicht an … Aber der eigentliche Grund für das Fasten ist der Wunsch, Körper und Geist zu reinigen und bewusst Verzicht zu üben.

Besonders freudig wird zum Schluss der Fastenzeit dem Ostersonntag entgegengefiebert. Da gibt es das traditionelle Osterfrühstück mit allen erdenklichen Speisen. Vor allem gehören auch bunt gefärbte Eier dazu. Um diese kümmert sich Marion am Karfreitag immer selber, zusammen mit ihrem Enkel. Mit viel Hingabe werden die Eier nicht nur in den schönsten Farben eingefärbt, sondern auch noch per Hand bemalt. Richtige kleine Kunstwerke entstehen dabei.

Ein weiterer Höhepunkt ist die Weihe der Speisen in der örtlichen Kirche. Zumeist findet die Segnung am Ostersamstag statt, in benachbarten Gemeinden bereits am Karfreitag. Dazu werden die bunten Eier, süßes Brot, Schinken, Meerrettich und Salz in einen Weidenkorb gelegt. Zuvor stattet Marion den Korb mit einem selbst bestickten Tuch aus und legt zum Schluss eine Kerze dazu. Das feierliche Arrangement wird dann vor den Altar gestellt und vom Priester gesegnet. Der Brauch hat eine lange Geschichte – schon vor mehr als tausend Jahren wurden in Rom erstmals Speisen geweiht.

Nach dieser heiligen Zeremonie ist es eine Freude, im Kreise aller Familienangehörigen das Osterfest zu feiern. Zum großen Frühstück am Ostersonntag gibt es Brot, Butter, verschiedene Wurst- und Käsesorten, frischen Kuchen, Honig und allerlei Köstlichkeiten. Jedes Jahr steht der Weidenkorb auf dem reichlich gedeckten Tisch. Kleine Buchsbaumsträußchen schmücken die Tafel. Auch ein Strauß mit leuchtend gelben Osterglocken darf nicht fehlen. Die gesegnete Kerze steht auf dem Tisch als Zeichen für das Licht der Liebe und der Auferstehung. Die Flamme erhellt den Raum – und die Herzen der ganzen Familie.

Mairegen

Eigentlich soll der Mai doch der „Wonnemonat“ sein! Marion schaut aus dem Fenster: Es regnet Bindfäden. Seit Tagen vermisst sie die Sonne, und das schlechte Wetter schlägt ihr allmählich auf die Stimmung.

Nein, bis jetzt macht der Mai seinem Namen keine Ehre, und die Wonne will nicht so richtig aufkommen. Vielmehr ist es trüb und nass, sodass Marion nicht in den Garten kann. Selbst zum Kochen hat sie heute keine Lust, obwohl ihr Ludwig ja bald auf das Essen wartet. „Ach“, denkt sie bei sich, „dann gibt es später einfach nur eine Brotzeit.“ Statt zu kochen, trödelt sie jetzt viel lieber und liest in einer Gartenzeitschrift.

Dort steht unter der Rubrik „Bauernregeln“:
Mairegen bringt Segen, da wächst jedes Kind,
da wachsen die Blätter und Blumen geschwind.

Diesen Satz kennt sie noch von ihrer Oma. Die Oma lebte auf dem Land, und Marion war als Kind oft zu Besuch bei ihr. Sie kann sich gut an diese Zeit erinnern. Wenn es damals regnete, erzählte die Oma ihr zur Aufheiterung eine selbst erfundene Geschichte. Noch heute freut sie sich daran und erinnert sich genau, was die Großmutter vor über 50 Jahren zu ihr sagte:

„Wenn es regnet, dann fallen Wassertropfen vom Himmel. Das kommt daher, dass die Engel ihre Gewänder waschen müssen. Es ist wichtig, dass die Himmelsboten immer strahlend weiße Kleider anhaben. Du weißt ja, wie viele Engel es gibt, da ist allerhand zu tun! Und weil es oben im Himmel leider keine Waschmaschine gibt, müssen sie alles mit der Hand reinigen. Beim Waschen kann es passieren, dass Wasser aus der großen Waschschüssel überläuft. Diese Tropfen fallen dann als Regen zu uns auf die Erde herab. Der Regen ist etwas ganz Besonderes, denn er lässt das Gras und die Bäume wachsen. Und die Tiere freuen sich auch – denn was täte ein Regenwurm ohne Regen?“

Nun findet Marion keinen Grund mehr zum Trübsalblasen. Sie muss sogar lächeln, als ihr noch eine Bauernregel einfällt:

Nach oben schau,
auf Gott vertrau,
nach Wolken wird der Himmel blau.

Thüringer Bratwürste

Es sind Schulferien, und Enkel Alexander ist für ein paar Tage zu Besuch bei den Großeltern. Diese Tage gehören zu den schönsten im Jahr, denn der Sommer wartet auf mit all seinen Vorzügen. Bei schönstem Wetter genießen es die Großeltern, wenn mal mehr los ist und ihr kleiner Bub für Abwechslung sorgt. Das Kind bringt Schwung in ihren Alltag.

Im großen Garten kann der achtjährige Alexander nach Herzenslust toben und mit dem Hund Charley spielen. Der Junge versucht, Charley immer wieder neue Kunststückchen beizubringen. Charley ist ein bewegungsfreudiger Hütehund, ein Australian Shepherd. Er lässt sich nicht lange bitten und springt begeistert über die Hürden, die der Junge aus Stöcken aufgebaut hat. Hopp! Hopp! Freudig setzt der Rüde zum Sprung an und bewältigt leicht die Hindernisse auf der Wiese. Charley fliegt fast über die Stangen. Er wird nicht müde, es seinem Aushilfs-Herrchen recht zu machen. Denn er weiß ja, dass nach dem Training ein Leckerli auf ihn wartet.

Derweil wird auf der Terrasse bereits der Tisch gedeckt, denn heute gibt es gegrillte Würstchen. Der Opa, Ludwig, betätigt sich als Grillmeister. Schon früh am Morgen hat er genügend Bratwürste besorgt, denn ein altes Sprichwort besagt: *„Der frühe Vogel fängt den Wurm."* Nur in der Fleischerei „Schnitzel" erhält man die leckeren Bratwürste aus Thüringen. Das sind die besten, und gern wird dafür ein wenig mehr bezahlt. Ludwig achtet auf Qualität, und beim Grillen macht ihm so schnell keiner etwas vor. Gekonnt bepinselt er die Würstchen mit Bier, denn das gibt dem Grillgut die letzte Raffinesse. Es riecht schon sehr delikat, und der Duft zieht durch den gesamten Garten.

Als Ludwig die ersten Würstchen, fertig zum Verzehr, auf einem großen Teller angerichtet hat, ruft seine Frau Marion aus dem Haus: „Schatz, bitte bring mir ein wenig Petersilie aus dem Garten, ich brauche sie zum Garnieren für den Kartoffelsalat!“ Das Auge isst schließlich mit! „Mach ich!“, erwidert Ludwig und eilt zum Kräuterbeet.

Unbeaufsichtigte Thüringer Bratwürste ... so eine Gelegenheit lässt sich der kluge Hund natürlich nicht entgehen! Sogleich springt er hoch, schnappt sich die Würste vom Teller und verschlingt alles in Windeseile.

Als der Grillmeister zurückkommt, entdeckt er gleich die Bescherung. Doch Charley blickt ihn an, als wäre er das reinste Unschuldslamm. Bei diesem herzerweichenden Blick kann Ludwig nicht anders, als dem Hund zu verzeihen. „Ja, der weiß was gut ist“, lacht er und legt die zweite Ration Würstchen für die Familie auf den Grill. Wie gut, dass er so viel eingekauft hat!

Die zwitschernde Uhr

Simone hat einen Tag frei und nutzt die Zeit, um ihre Mutter zu besuchen. Natürlich nimmt sie Alexander mit. Ihren achtjährigen Sohn braucht man nicht zweimal zu bitten, wenn es darum geht, zu Oma zu fahren! Pünktlich zur Kaffeezeit treffen sie ein. Mutter und Tochter freuen sich auf einen unbeschwerten Kaffeeklatsch. Leider sehen sich die beiden nicht so häufig, weil Simone den ganzen Tag arbeitet. Noch dazu hat sie zu Hause viel zu tun. Aber wenn sie sich dann mal mit ihrer Mutter trifft, spürt man eine große Vertrautheit und Zuneigung. Und natürlich freut sich die Oma immer auf ihren Enkel! Heute hat sie extra Schokoladenkuchen gebacken.

Nachdem Alexander zwei Stück davon verputzt hat, spielt er im Garten mit Charley, dem Hund seiner Großeltern. Marion und Simone erzählen sich derweil die Neuigkeiten und sind so vertieft, dass sie die Zeit vergessen. Plötzlich zwitschert es, und Simone stutzt. „Habt ihr einen Vogel?“ Eine ganze Weile erklingt der Gesang eines Singvogels. Simone hört gebannt zu. Es klingt wie ein Rotkehlchen, überlegt sie. „Wo ist hier ein Vogel?“, fragt auch Alexander, der gerade in lehmverkrusteten Gummistiefeln mit Charley aus dem Garten kommt.

Marion lächelt und zeigt auf eine Uhr, die neben dem Buffetschrank hängt. „Die hat der Opa kürzlich mitgebracht, ist sie nicht entzückend?“ Simone und Alexander sind fasziniert von der neuen Küchenuhr. Simone steht auf, um sie näher zu betrachten. Und tatsächlich – es ist kurz nach 17 Uhr, und der Zeiger deutet auf ein Rotkehlchen. Zu jeder vollen Stunde singt ein anderer Vogel und sorgt für ein kurzes Naturkonzert. So flötet um 12 Uhr der Pirol, abends um 18 Uhr singt wohlklingend die Nachtigall.

Simone ist von der singenden Uhr so begeistert, dass sie laut das berühmte Lied von Hoffmann von Fallersleben anstimmt: *„Alle Vögel sind schon da, alle Vögel, alle!“ „Amsel, Drossel, Fink und Star und die ganze Vogelschar!“* Alexander und die Oma stimmen ein. Vergnügt stellt Simone fest: „Die Uhr verbreitet richtig gute Laune. Ich werde Vati fragen, wo er sie gekauft hat.“

Marion lächelt wieder und geht kurz rüber ins Wohnzimmer. Sie kommt mit einem Karton zurück, den sie Simone überreicht. Alexander darf beim Auspacken helfen. Zum Vorschein kommt – genau die gleiche singende Vogeluhr! Da sind sie beide baff. „Noch eine Vogel-Uhr?“, hört man Alexander ungläubig fragen. „Die Spatzen pfeifen es von allen Dächern“, entgegnet Marion amüsiert. „Der Opa wusste schon, dass euch die Uhr gefällt; er hat zwei Exemplare mitgebracht, und eines möchten wir euch schenken.“

Bei Simone und Alexander ist die Freude groß. Alexander möchte die Uhr gleich zu Hause aufhängen. Und als die Nachtigall zwitschert, verabschieden sie sich von der Oma.

Eigener Herd ist Goldes wert

Gerade, als Marion Mittagessen kochen will und den Elektroherd einschaltet, ertönt ein Knall, und der Ofen ist kaputt. Nun hat die Hausfrau ein Problem. Sie muss fast täglich kochen, denn sie versorgt ihren Mann, wenn er von der Arbeit nach Hause kommt. Und ab und zu kommt auch ihr Enkelkind und freut sich auf ein Mittagessen, von Oma mit Liebe gekocht.

Marion gibt noch nicht auf und ruft den Kundendienst an, um einen Reparaturauftrag zu erteilen. Zur Antwort bekommt sie jedoch, dass erst in einer Woche ein Techniker kommen kann. Wie soll sie nun kochen? Sie muss unweigerlich an das Sprichwort denken: „*Eigener Herd ist Goldes wert.*“ Ja, jetzt kann sie diesen Spruch erst richtig verstehen. Ohne Herd ist man förmlich aufgeschmissen.

Sie stellt sich vor, wie früher die Frauen noch das Herdfeuer schüren mussten. Es wurde zuerst mit Holz angezündet, dann mit Kohle befeuert, und schließlich legte man ein Brikett darauf.

Die Briketts wurden extra in Zeitungspapier eingewickelt und in der Schublade verstaut. Mit ihnen konnte das Feuer länger gehalten werden, denn die Briketts verglühen sehr langsam. Diese Vorgehensweise kannte Marion noch von ihrer Großmutter, und gern denkt sie an Omis schönen weißen Emaille-Ofen zurück. Mit dem Ofen wurden Speisen gekocht und die Stube beheizt. Auf der Herdplatte stand fast immer ein Topf, in dem gerade irgendetwas köchelte.

So ein Emaille-Ofen war ein Blickfang in jeder Küche! Heute sehnen sich anscheinend immer mehr Leute nach diesem „guten alten

Ofen“ zurück: Es gibt sehr wertvolle Nostalgie-Öfen, die genauso aussehen wie Omas Prachtstück. Aber technisch sind sie auf dem neuesten Stand. So einen Ofen wünscht sich Marion schon lange! Er ist allerdings sehr teuer und der reinste Luxus.

Aber das Träumen von der guten alten Zeit hilft jetzt auch nicht weiter. Schließlich muss sie eine Lösung finden, um Essen kochen zu können. Sie kann ja nicht eine Woche lang jeden Tag mit Ludwig ins Restaurant gehen. Was tun? – Ah, bald kommt ihr eine Idee ... Sobald ihr Schatz von der Arbeit kommt, werden sie zusammen eine elektrische Herdplatte besorgen. So hat sie eine praktische Kochgelegenheit, bis der Ofen wieder repariert ist. Und heute Abend gehen sie gemeinsam in ihre Lieblings-Pizzeria!

Hüpfende Klöße

Marions Schwiegermutter lebt seit knapp einem Jahr in einem Seniorenheim. Sie hatte sich rasch eingelebt in ihrem neuen Zuhause. Regelmäßig besucht Marion ihre „Mutti“ in der Einrichtung. Mal gehen sie zusammen Kaffee trinken, mal fahren sie raus ins Grüne. Gelegentlich holt Marion ihre Schwiegermutti sonntags nach Hause, um dann auch den Rest der Familie zum Essen einzuladen. Dann sitzen sechs Personen am Tisch: die Schwiegermutti, Marion und ihr Mann Ludwig als Gastgeber und ihre Tochter samt Ehemann sowie dem Enkel Alexander. Diese Zusammenkünfte sind für die Schwiegermutti immer eine besonders große Freude. Die 85-jährige Dame freut sich schon Tage vorher auf das gesellige Treffen.

Zu diesem Anlass wird der Tisch hübsch eingedeckt. Marion benutzt das gute Geschirr, das zum alten Familienbesitz gehört. Es ist ein klassisches Hutschenreuther-Service, das selbst nach so vielen Jahren die Tafel prachtvoll schmückt. Das royale Blau in Verbindung mit dem wertvollen Goldrand lässt das elfenbeinfarbene Porzellan bestens zur Wirkung kommen. An diesem Service hängt Marion sehr, denn schon bei ihrer Mutter wurde zu Feierlichkeiten davon gegessen. So werden die Familienerinnerungen wach gehalten. Auch die bereitgestellten Bleikristall-Gläser unterstreichen das vornehme Ambiente. Eine Kerze und ein kleines Sträußchen Blumen geben der Tischdekoration den „letzten Schliff“.

Es gibt einen leckeren Schweinebraten mit Klößen und Rotkohl. Die Schüsseln stehen auf dem Tisch bereit, und die Köchin schneidet den Braten auf und legt jedem eine Scheibe auf den Teller.

„Bedient euch und nehmt von den Klößen und dem Rotkohl", fordert Marion die Gäste auf. Michael, ihr Schwiegersohn, hat immer einen großen Appetit. Er lässt sich nicht zweimal bitten. Beherzt greift er nach der Schüssel mit den Klößen und will netterweise auch seiner Frau einen Kloß anreichen.

Schwups! Da fällt der Kartoffelkloß vom Servierlöffel und landet auf dem neuen Kleid seiner Liebsten. Aber damit nicht genug: Vom feinen Seidenstoff des aparten Kleides hüpft er weiter auf den Boden. Da bleibt er schließlich liegen und hinterlässt einen Fleck im Gewebe des Teppichs. Michael will seine Ungeschicktheit überspielen und meint: „Das sind ja Knödel wie Tennisbälle. Damit könnte man locker das Turnier in Wimbledon gewinnen!" Alle schauen ihn an – und müssen herzhaft lachen.

Zum Glück sind die Flecken schnell entfernt, und Michael gibt noch einen Trinkspruch zum Besten:

Hüpft dir ein runder Kloß
auf deinen warmen Schoß,
so darfst du nicht verzagen,
musst mit Humor es tragen.

Teures Hobby

Nicht nur Frauen haben in der Küche das Sagen. Gerade in den letzten Jahren haben auch viele Herren der Schöpfung ihre Leidenschaft für das Kochen entdeckt. Im Fernsehen laufen unzählige Sendungen, in denen Spitzenköche, Hobbyköche oder Prominente in den Töpfen rühren. Kochseminare sind sehr gefragt, und Kochbücher überschwemmen den Buchmarkt.

Der Faszination des kreativen Kochens ist neuerdings auch Michael erlegen. Nach der Sportschau gehören nun Kochsendungen zu seinem Lieblingsprogramm. Er findet sie nicht nur unterhaltsam, sondern er kocht immer öfter die dargebotenen Rezepte nach. Dann kreiert er traumhafte Menüs als raffinierte Gaumen-Kompositionen. Wie Alfred Biolek in seinen besten Zeiten steht er mit weißer Schürze in der Küche. Nicht selten ruft er: „Simone, probier mal!“ Oder er stellt fest: „Hier fehlt noch was!“, und überlegt, welches Gewürz oder welche Zutat das Tüpfelchen auf dem „i“ für sein Gericht sein könnte.

Wenn es endlich perfekt schmeckt, nippt er entspannt an einem edlen Tröpfchen. Meistens ist die Flasche schon halb leer, ehe der Rest im Rotwein-Dekanter landet. Michael behauptet, dass er den Wein zum Abschmecken braucht. Simone amüsiert sich darüber und lässt ihren Schatz gewähren. Ihr ist es viel lieber, wenn er zu Hause kocht, als wenn er mit seinen Kumpels in die Kneipe ginge.

Mittlerweile wird das neue Hobby richtig professionell betrieben. Es wird zum Beispiel nur noch kalt gepresstes Olivenöl aus Kreta gekauft. Als Michael sich ein sündhaft teures Messerset bestellt, sagt Simone nichts. Auch als das riesige Paket mit neuen Kupfertöpfen ankommt, stutzt sie zwar, hält sich aber zurück. Schließlich stimmt es ja, dass Kupfer die Wärme besser leitet und die Speisen damit schmackhafter werden. Bald aber entdeckt sie einen Haufen Broschüren über einen luxuriösen Profi-Gasherd – und das, obwohl der Elektroherd tadellos in Ordnung ist.

Nun reißt Simone der Geduldsfaden, und ein lauter Ehekrach ist die Folge. „Lieber Michael, *nun ist der Ofen aber aus!*", schimpft Simone. „Ich bewundere deine Kochkünste, auch wenn die Küche hinterher aussieht wie ein Schlachtfeld. Aber jetzt ist Schluss! Unser Herd ist in Ordnung! Es wird kein neuer gekauft, nur weil du kochen willst wie Lafer, Liefer, Lichter, Schuhbeck und wie sie alle heißen." Wütend knallt sie die Tür hinter sich zu und zieht sich schmollend zurück.

Oje, jetzt muss Michael sich etwas einfallen lassen! Kleinlaut folgt er Simone, nimmt sie in den Arm und sagt: „Du hast ja Recht, mein Schatz. Ich werfe die Prospekte gleich in den Müll, versprochen! Und am Wochenende koche ich dir ein Versöhnungs-Menü à la Michael – auf unserem guten Elektroherd!" So will Michael sprichwörtlich *„die Kuh vom Eis holen"*.

Simone schaut noch ein bisschen böse, aber dann muss sie doch lächeln. „Ich nehm dich beim Wort", sagt sie und begleitet ihren Kochkünstler zurück in die Küche.

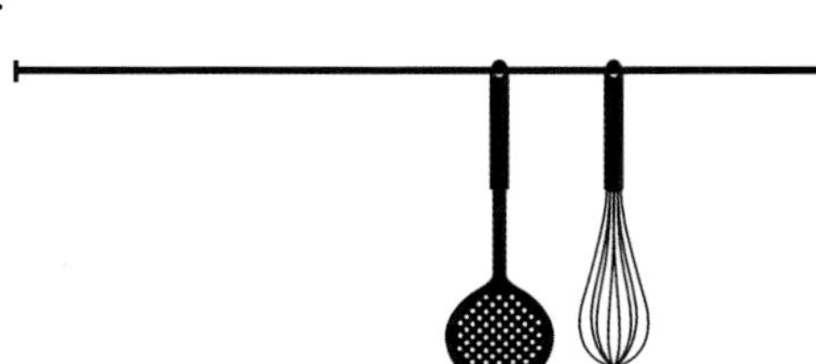

Bayern und Westfalen

Das Kochen überlässt Ludwig fast immer seiner Frau. Als echter Münchner liebt er die bayerische Küche. Ein Gericht hat es Ludwig besonders angetan, und das kann er selber zubereiten: Schweinsbraten in Dunkelbiersoße mit Knödeln dazu. Diese Leibspeise gab es früher oft bei ihm zu Hause. Schon als junger Bursche schaute Ludwig seiner Mutter über die Schulter. Sie freute sich über das rege Interesse und zeigte ihm allerhand Kniffe. Er merkte sich jeden Handgriff und konnte schon als junger Mann eigenständig einen Schweinsbraten zubereiten.

Diese Fertigkeit brachte ihm viel Glück. Als er nämlich seine liebste Marion Anfang der 80er-Jahre in München kennen lernte, konnte er ihr damit sehr imponieren. Er lud Marion, die zu einem Seminar nach München gekommen war, zum Essen ein. Aber nicht in ein Restaurant, sondern zu sich nach Hause. Dort kochte er ihr sein Lieblingsgericht. Marion, eine bodenständige Westfälin, war von seinem Schweinsbraten zutiefst beeindruckt. Auch sonst fand Marion zunehmend Gefallen am feschen Ludwig. Und Ludwig war mindestens genauso angetan von ihr. Er bezirzte seine Auserwählte, wie er nur konnte.

Amüsieren konnten sich die beiden über ihren Sprachgebrauch. Denn was bei Ludwig „Knödel“ waren, hieß bei Marion „Klöße“. Dazu trank Marion kein „Helles“, sondern lieber ein „gut gezapftes Pils“. Und schon gar nicht sagte Marion: „Grüß Gott“, sondern: „Guten Tag“. Zum Kaffee bestellte sie „Pflaumenkuchen“, Ludwig dagegen „Zwetschgendatschi“. Da trafen zwei Welten zusammen! Marion schnappte schnell die bayerischen Wörter auf, und Ludwig frotzelte liebevoll über ihren westfälischen Akzent.

Schweren Herzens fuhr Marion nach dem Seminar nach Westfalen zurück.

Zum Abschied sagte sie, die nicht auf den Mund gefallen war: „Wenn du mal die westfälische Küche kennen lernen möchtest, bist du herzlich bei mir eingeladen." „Ja", entgegnete Ludwig scherzhaft, „dann will ich gern über den Weißwurstäquator zu dir nach Preußen fahren."

Bereits drei Wochen später saß Ludwig mit klopfendem Herzen im Auto und fuhr 700 Kilometer gen Norden. Marion zeigte ihm ihre Heimat, und wie versprochen kochte sie ihm eine Spezialität aus ihrer Region: Sie servierte „Pfefferpotthast", eine Art Rindergulasch mit besonderen Gewürzen. Ludwig konnte nicht genug davon bekommen. „Und was gibt's zum Nachtisch?", fragte er schließlich. „Stippmilch mit Erdbeeren", antwortete Marion, „eine feine süße Quarkcreme. Die wird dir schmecken!"

Wenn Marion nicht längst Ludwigs Herz erobert hätte – jetzt wäre es um ihn geschehen gewesen. Nicht umsonst heißt es: *„Liebe geht durch den Magen."*

Die verlorenen Klöße

Zwei Jahre, nachdem sich Ludwig und Marion kennen gelernt und ineinander verliebt hatten, läuteten die Hochzeitsglocken. Marion zog aus ihrer westfälischen Heimat nach München.

An den bayerischen Dialekt musste sie sich am Anfang erst gewöhnen. Aber was lernt man nicht alles aus Liebe? Auch Ludwig musste manchmal nachfragen: Manche Redewendungen seiner Frau kannte er nicht.

In der Küche war es die junge Ehefrau, die sich durchsetzte. Nicht selten gab es das zu essen, was man in Westfalen gewohnt ist. Wenn Ludwig sich einmal über die westfälische Küche mokierte, antwortete sie mit dem Sprichwort: *„Wat de Buer nich kennt, dat frett he nich." (Was der Bauer nicht kennt, das frisst er nicht.)*

Damit Ludwigs Wünsche aber nicht zu kurz kamen, lernte sie auch neue leckere Rezepte aus Bayern oder Böhmen dazu. Aus Böhmen stammt Marions Schwiegermutter. Sie gab Marion wertvolle Tipps rund um´s Kochen. Marion war ohnehin überzeugt, dass eine Ausgewogenheit beim Essen das Geheimnis für eine gute Ehe ist. Man darf nicht nur auf seinen eigenen Traditionen bestehen, sondern muss sich für neue Gebräuche öffnen, davon war Marion überzeugt. Und das fiel ihr zum Glück auch überhaupt nicht schwer. So probierte sie eines Tages aus, klassische Semmelknödel zuzubereiten.

Ludwig lief schon das Wasser im Mund zusammen. Als Marion jedoch die von Ludwig so geliebten Semmelknödel aus dem Topf nehmen wollte, waren keine mehr da! Stattdessen hatte sich das Kochwasser in eine dicke Brühe mit aufgeweichtem Knödelteig verwandelt.

„O weh, ich hab die Klöße verloren", resümierte Marion traurig. Sie war den Tränen nahe. Sogleich kam Ludwig und schloss sie fest in die Arme. Er sprach: „Das macht doch nichts! Verlorene Knödel sind nicht schlimm. Viel schlimmer wäre es, ich würde dich verlieren!"

Gerührt von seinem Zuspruch hielt sie inne. Dann öffnete sie beherzt den Vorratsschrank und holte eine Packung Fertig-Klöße heraus. „Du wirst sehen, in null Komma nichts haben wir gewonnene Klöße", lachte sie, und Ludwig lachte herzhaft mit.

Schuhe im Kühlschrank

Heute steht Marion früh auf. Einige wichtige Erledigungen und Einkäufe in der Stadt stehen an. Zuerst geht es zum Schuster. Dort holt sie endlich Ludwigs Schuhe ab, denn das hatte sie bei ihrem letzten Stadtbummel vergessen. Als sie den Preis für die neuen Sohlen und Absätze bezahlt, staunt sie über die schäbigen Schuhe, die der Schuster selbst anhat. Gleich fällt ihr das Sprichwort ein: *„Der Schuster hat die schlechtesten Schuhe."* Zum Glück ahnt der freundliche Mann nichts von Marions Beobachtung hinsichtlich seiner „ollen Treter". Er packt Ludwigs Schuhe in eine braune Papiertüte und verabschiedet seine Kundin. Marion verstaut die Tüte sofort in ihrer großen Tasche.

Weiter geht es in einige Bekleidungsgeschäfte; da hält Marion Ausschau nach Sonderangeboten. Vielleicht findet sie ein Schnäppchen? Sie stöbert zwischen Blusen und Röcken, schaut nach einer Hose und findet schließlich einen wunderschönen Pullover zum halben Preis. Zufrieden fährt sie die Rolltreppe zur Lebensmittelabteilung hinunter und kauft dort Wurst, Brot und Käse. Die Abteilung ist wunderbar sortiert und hat sehr delikate Wurst, eine Riesenauswahl an Käse und Brotsorten, die es beim Bäcker in ihrer Nachbarschaft nicht gibt. Die Weinabteilung beherbergt Weine aus der ganzen Welt. Es macht Freude, hier einzukaufen, denn die Spezialitäten werden gekonnt präsentiert. Es duftet nach frischem Brot und nach Geräuchertem, Ein Paradies für Feinschmecker.

Zu Hause angekommen, packt Marion sofort die Tüten aus, legt die Lebensmittel in den Kühlschrank und legt die Tüte mit den Schuhen zunächst beiseite. Als Ludwig von der Arbeit kommt, deckt sie den Tisch für das gemeinsame Abendbrot. Ludwig hilft mit und holt aus einer Tüte das frische Brot. Er schneidet einige Scheiben ab und legt sie in das Brotkörbchen. Nun freut er sich schon auf die leckere Wurst. Er holt die braune Papiertüte aus dem Kühlschrank und greift hinein. Er traut seinen Augen nicht: Statt Wurst hält er schwarze Schuhe in den Händen! Marion hat versehentlich die falsche braune Papiertüte in den Kühlschrank gelegt. „Ach du liebe Zeit, dann liegt die Tüte mit den Würsten wohl im Schuhschrank!“, ruft Marion erschrocken. Ludwig muss laut lachen, und Marion lacht mit.

Das wäre eine ungewöhnliche Brotzeit gewesen – mit Schuhsohlen frisch aus dem Kühlschrank …

Bella Italia

Freudig macht sich Marion mit ihrem Weidenkorb auf den Weg: im benachbarten Ort ist mittwochs immer Markttag. Das bedeutet für sie als Hausfrau in erster Linie Einkaufen, aber es weckt auch Erinnerungen in ihr.

Als Kind begleitete sie ihre Mutter in die Stadt zum Wochenmarkt. Damals wurde für die ganze Woche eingekauft. Unzählige Händler von nah und fern boten lautstark ihre Waren an. Marion weiß heute noch genau, wo ihre Mutter immer das Fleisch kaufte. Das beste Gemüse kam von dem Stand des Bauern aus dem Nachbarort. Die saftigsten Orangen fand man an einem Stand in der dritten Reihe links. Bei einer freundlichen alten Dame nahm ihre Mutter zu guter Letzt meist noch frische Blumen mit! Es war eine bunte und duftende kleine Welt. In Maschendraht-Käfigen warteten sogar lebende Hühner auf einen neuen Besitzer!

Marion schwelgt förmlich in der Vergangenheit. Ein Vorfall jedoch war ihr damals ziemlich peinlich gewesen, auch daran kann sie sich noch gut erinnern.

Es war, als ihre Mutter an einem Stand mit „Italienischen Lederschuhen“ vorbeikam. Ein südländisch aussehender Mann bot lautstark Frauenträume mit Stöckelabsätzen an. „Signora“, rief er Marions Mutter hinterher. „La Dolce, diese Schuhe habe ich extra aus bella Italia mitgebracht.“ Er drückte ihr ein paar weiße Sommerschuhe in die Hand. „Nur für Sie, schöne Signora!“, raunte er. Neugierig musterte die Mutter die Schuhe und tastete fachmännisch die Nähte ab, um die Verarbeitung zu begutachten.

„Wie teuer sind sie?", fragte die Mutter. „Für so eine hübsche Signora nur 25 Deutsche Mark", antwortete der Verkäufer. „Viel zu teuer", befand die umworbene Kundin. „Oh, weil Sie so simpatico sind", konterte der Händler, „mache ich Sonderpreis für die Signora: Zwanzig Deutsche Mark – ist guter Preis für gute Schuhe", sagte er mit auslandender Geste. „Ich gebe fünfzehn und nicht mehr", bekam der Verkäufer von Marions Mutter mit fester Stimme zu hören. Und um noch eins draufzusetzen, zitierte sie das Sprichwort: *„Gute Ware lobt sich selbst."*

Mittlerweile hatten sich andere Marktbesucher dazugesellt, um das Feilschen mitzuverfolgen. Marion mit ihren damals grade fünf Jahren errötete, so unangenehm war ihr die ungewollte Aufmerksamkeit. Ein Blick auf das schüchterne Mädchen inspirierte den Verkäufer zu einem neuen Versuch: „Nur weil Signora hat so eine süße Bambina, gebe ich der Mama die Schuhe für achtzehn Mark", verkündete er sein letztes Angebot.

„In Ordnung", antwortete Marions Mutter und freute sich sichtlich über den gelungenen Handel – und natürlich über die schönen weißen Sommerschuhe.

Der Gurkenschreck

Marion sieht für ihr Alter sehr gut aus. Sie hat wenig Falten. Obwohl sie nunmehr „auf die sechzig zugeht", wird sie meistens jünger geschätzt. Natürlich freut sie sich über Komplimente. Eine Freundin fragte sie einmal, ob sie besondere Kosmetika benutze.

„Außer einer Tagespflege kaufe ich kaum Cremes. Aber ich halte es so wie früher meine Mutter. Sie hat einmal jede Woche eine Gesichtsmaske aufgetragen, die sie zuvor selbst hergestellt hatte. Mal mischte sie Quark mit Honig und einem Eigelb, oder sie zerdrückte ein paar Erdbeeren, um diese auf ihr Gesicht aufzutragen." Die Freundin sah Marion erwartungsvoll an, und bereitwillig holte Marion noch weiter aus: „Auch andere Obstsorten kamen zum kosmetischen Einsatz. Am wirkungsvollsten war die Gurkenmaske. Die wende ich noch heute so an, wie ich es von meiner Mutter her kenne. Ihr Haar kämmte meine Mutter übrigens mit Bier, das ist der beste Festiger."

Die Freundin war dankbar für die zahlreichen Vorschläge. Und Marion kam gleich auf die Idee, heute einen „Schönheitstag" einzulegen. Zuerst nahm sie ein duftendes Entspannungsbad und trug danach die vielgerühmte Gurkenmaske auf. Dazu schmierte sie sich erst eine gute Portion Quark ins Gesicht. Nur die Augen sparte sie aus. Dann legte sie mehrere Gurkenscheiben auf die Quarkschicht. Die Gurken sollten der Haut viel Feuchtigkeit spenden. Als die Maske fertig war, setzte sich Marion gemütlich im Bademantel auf die Couch. Sie blätterte in einer Frauenzeitschrift und ließ die Zutaten wirken. Bei leiser Musik kam sie wunderbar zur Ruhe und genoss ihren Nachmittag.

Plötzlich schellt es an der Tür. Du lieber Himmel, wer kann das jetzt sein? Der Postbote war doch vorhin schon dagewesen, und Ludwig hat noch keinen Feierabend.

Marion hastet irritiert zur Tür und öffnet sie einen Spaltbreit. Vor der Tür steht ihr Bruder. „Wie siehst du denn aus?", ruft er belustigt.

„Klaus! So eine Überraschung", murmelt sie verlegen. Lächeln kann sie nicht – aus Angst um die Gurkenscheiben.

Ihr Bruder lacht dafür umso mehr. „Weißt du was? Du siehst aus wie unsere Mutter in ihren besten Zeiten – die hatte auch immer so komische Sachen im Gesicht!" „Tja, *der Apfel fällt nicht weit vom Stamm*", sagt Marion. Rasch verschwindet sie im Bad, um sich den Quark aus dem Gesicht zu waschen.

Als sie zurückkommt, sieht sie wieder aus, wie Klaus sie kennt. Bloß ein bisschen jünger! Das hat sie der Maske zu verdanken. Ob Klaus es wohl merkt?

Doch den beschäftigt etwas anderes. „Machst du deinem Mann heute zum Abendessen Gurkensalat und Quarkspeise?", fragt er stattdessen. In sein fröhliches Lachen stimmt Marion mit ein. Wie früher. Auch das hält jung.

Der Wunschkuchen

„Oma Marion", fragt Alexander, „was soll ich denn meinem Freund Mehmet zum Geburtstag schenken?" Alexander ist heute, wie jeden Freitag, bei seinen Großeltern. Er erzählt, dass sein Klassenkamerad morgen acht Jahre alt wird, so alt wie Alexander selbst. „Von meinem Taschengeld kann ich nicht viel kaufen." Alexander sieht seine Oma fragend an. Da hat die Oma eine gute Idee: „Wir backen deinem Freund einen tollen Wunschkuchen."

„Ja, was ist denn ein Wunschkuchen?", fragt der Junge. Die Oma lächelt: „Ein Wunschkuchen ist ein selbst gebackener Kuchen, in den du alle Wünsche für den Beschenkten hineinrührst. Es ist ein sehr persönliches Geschenk, und ich könnte mir vorstellen, dass sich dein Schulfreund darüber freut. Denn Kuchen schmeckt allen Kindern gut!"

„Das machen wir!" Alexander ist ganz aus dem Häuschen. Sofort legen sie los. Oma holt eine Rührschüssel und einen Handmixer aus dem Schrank. Dabei verrät sie Alexander das Geheimnis vom Wunschkuchen: „Du darfst nur rechtsherum rühren. Dabei sprichst du deine guten Wünsche für Mehmet. Am besten überlegst du dir vorher schon, was du ihm alles wünschen möchtest. Derweil lege ich alle Zutaten für den Kuchen bereit."

Der Junge überlegt, und die Oma holt Butter, Zucker, Eier, Mehl, eine kleine Tasse Milch, geraspelte Schokolade, gehackte Mandeln und Backpulver. Zuerst gibt sie die Butter in die Schüssel und lässt den Jungen fleißig rühren. Nach und nach streut sie den Zucker darüber. Während Alexander den Teig konzentriert rechtsherum rührt, murmelt er: „Ich wünsche Mehmet eine 2 in Mathe." Als die Eier dazukommen, rührt er aufmerksam weiter und spricht: „Ich wünsche dem Mehmet einen Ausflug zum Kletterwald." Nach den Eiern rührt er nun das Mehl unter, das Marion löffelweise hinzufügt. „Auf alle Fälle wünsche ich Mehmet Gesundheit." Alexander rührt brav weiter. Nachdem fast alle Zutaten im Teig verrührt sind, formuliert Alexander seinen letzten Wunsch: „Ich möchte Mehmets Heimat ‚Anatolien' kennen lernen."

„Das ist eigentlich kein Wunsch für deinen Freund, sondern dein eigener", bemerkt die Oma. „Das macht nichts, der Wunschkuchen ist groß genug, sodass mein Wunsch auch noch Platz hat", antwortet Alexander, und verschmitzt lächelnd füllt er den Teig in die Kuchenform und schiebt sie in den Backofen.

Über den Tellerrand blicken

Draußen ist es sehr warm. Das Thermometer zeigt 28 Grad im Schatten an. Bei Ludwig und Marion auf der Terrasse ist die Markise ausgefahren, sodass die Familie im Schatten sitzen kann. Heute Nachmittag ist Enkel Alexander mit seinem türkischen Freund Mehmet zu Besuch. Alle genießen den herrlichen Sonnentag. Für die beiden Jungen hat Ludwig extra ein großes Planschbecken aufgestellt und mit Wasser befüllt. In Badehosen hüpfen die Buben in das „frische Nass" und juchzen vor Freude. Immer wieder hopsen sie in das Mini-Schwimmbad und haben den größten Spaß. Ab und zu springt auch der Hund Charley mit hinein, um sich zu erfrischen. Sein langes Fell bringt ihn im Sommer zum Schwitzen. Hunde schwitzen allerdings nicht wie Menschen über die Haut, sondern sie beginnen zu hecheln. Wichtig ist für Mensch und Tier, dass genug getrunken wird!

Alexander ruft: „Oma, wir haben Durst!" Auf dem Gartentisch finden die Jungen aber heute keine spritzige Limonade. Für Alexanders Freund hat Marion nämlich mit viel Liebe „Caj" zubereitet. So nennt man den Tee, das türkische Nationalgetränk. Man trinkt viel Schwarztee, aber auch verschiedene Früchtetees. Marion hat sich extra das Rezept des berühmten türkischen Apfeltees besorgt. Da er kein Koffein enthält, kann er ohne Bedenken auch Kindern angeboten werden. Marion hat gelesen, dass der Apfelbaum in der Türkei ein Symbol für den Baum des Lebens ist. Das gefiel ihr gut, denn bei uns spielt der Apfelbaum ja schließlich auch eine besondere Rolle. Was wäre das Paradies ohne Äpfel?

„Wir sollten bisweilen mal über den *Tellerrand schauen*", denkt sich Marion und gießt das leckere Getränk in kleine Tassen. „In der Türkei wird der Tee auch im Sommer warm getrunken, nicht wahr?", sagt sie zu Mehmet, und Alexanders Freund nickt.

Oma Marion weiß sogar noch mehr über Tee: „Warmer Tee tut uns im Sommer gut. Er drosselt die Körpertemperatur. Auch die Wüstenvölker trinken warmen Tee. Apfeltee hat außerdem wertvolle Ballaststoffe, Proteine und viel Vitamin C. Er ist viel gesünder als die zuckerhaltigen Limonaden!" Marion ist schon jetzt ein großer Fan von türkischem Apfeltee.

Mehmet trinkt den angebotenen Tee in kleinen Schlucken und fühlt sich fast wie zu Hause.

Fußballfan

Alexander genießt mal wieder manche Freiheiten, die er nur bei Oma und Opa hat. So darf er zum Beispiel in deren Garten Fußball spielen, was bei ihm zu Hause verboten ist. Dort weisen sogar Schilder darauf hin: „Fußball spielen auf den Grünflächen verboten!“ Seine Oma, Marion, regt sich oft darüber auf: „Ja, um Himmels willen, wo sollen die Kinder denn spielen?“

‚Kinder müssen sich doch bewegen können‘, denkt Marion. ‚Sie sitzen heutzutage viel zu viel am Computer und spielen zu wenig draußen.‘

„Wenn ich an meine Kinderzeit denke“, sagt sie zu ihrem Mann, „da waren wir nur an der frischen Luft, und das halbe Leben spielte sich auf der Straße ab. Wir tobten durch Wiesen und Felder, und den Wald kannten wir in- und auswendig! In kurzen Hosen und mit Holzkleppern sah man uns Höhlen in Sträuchern bauen. Beim Völkerball trugen wir die spannendsten Wettkämpfe aus. Wir hatten damals kein teures Spielzeug. Ein Gummiband reichte aus, um mit Kameradinnen Gummitwist zu spielen. Heutzutage haben die Kinder das ganze Zimmer voller Spielzeug, und trotzdem langweilen sie sich.“

„Vielleicht gerade deshalb?“, fragt Opa Ludwig.

‚Unser Enkelkind soll kindgerecht aufwachsen‘, denkt sich Marion. Deshalb fördert sie die Bewegungslust des Buben: Im Garten wartet immer ein alter Fußball auf Alexander. Sie bittet ihn nur, auf die Blumen achtzugeben. Vor allem die Rosen sind sehr empfindlich, und als leidenschaftliche Blumenfreundin hängt sie besonders an ihnen.

Marion deckt gerade den Kaffeetisch im Garten. Heute gibt es Torte. Sie steht schon zum Anschneiden auf dem Tisch.

Alexander dribbelt mit seinem Ball im Garten umher. Er ist mitten in Aktion und setzt zu einem Schuss an. Mit Schmackes tritt er gegen den Ball. Der fliegt in hohem Bogen durch die Luft … und landet auf dem Tisch, mitten in der Torte!

Ach, du Schreck! Marion weiß nicht, ob sie lachen oder weinen soll. Die schöne Torte ist hin. Die Buttercreme ist in alle Richtungen verspritzt, es ist wirklich eine einzige Schweinerei. Alexander kommt mit gesenktem Blick angelaufen und ist ganz unglücklich. *„Die Suppe hast du dir selbst eingebrockt. Jetzt musst du sie auch auslöffeln“*, brummt Marion verärgert. Sie hatte sich so viel Mühe mit der Torte gegeben!

Kleinlaut nickt Alexander und schaut hilfesuchend zu Ludwig, seinem Opa. Der holt beherzt ein paar Wischtücher und eine Schüssel mit Seifenlauge. Er drückt Alexander ein Wischtuch in die Hand, und gemeinsam fangen sie an, die Spuren des Fehltritts zu beseitigen. Als alles wieder sauber ist, essen die drei den kleinen brauchbaren Rest der Matschtorte. „Sie sieht jetzt aus wie der Krater von einem Vulkan!“ Marion lacht versöhnt, und alle sind sich einig: Lecker ist sie trotzdem.

Gartenolympiade

Während die Olympischen Sommerspiele nur alle vier Jahre stattfinden, gibt es im Garten von Marion und Ludwig jedes Jahr eine kleine Olympiade. Ihr Enkelsohn Alexander und seine besten Freundinnen und Freunde nehmen daran teil. Das Olympische Komitee bilden die Großeltern, Marion und Ludwig. Die beiden freuen sich jedes Jahr auf die acht jungen Athletinnen und Athleten. Im Garten ist für das spektakuläre Sportereignis alles vorbereitet, und in Kürze fällt der erste Startschuss. Diese wichtige Aufgabe obliegt Oma Marion, die sich eigens dafür eine Wasserpistole gekauft hat.

Und los geht es mit der ersten Disziplin, dem Wassermelonen-Rennen. Jeder erhält eine große Melone, die er unbeschadet zum vorgegebenen Ziel bringen muss. Wer als Erster das Ziel erreicht, hat gewonnen. Alle laufen mit den schweren Melonen los und … wums, da fällt einem Teilnehmer die Melone aus den Händen. Leider muss der Pechvogel disqualifiziert werden und darf nicht mehr weiterlaufen. Die anderen Läufer tragen weiter an ihrer schweren Last und geben sich alle Mühe, die Melone nicht fallen zu lassen. Lena, eine Mitschülerin von Alexander, rennt als Erste über die Zielgerade. Sie hat den Wettbewerb für sich entschieden, und obwohl sie aus der Puste ist, strahlt sie überglücklich.

Als Nächstes müssen die Sportler ihr Können im Kirschkern-Weitspucken beweisen. Dazu stehen alle hinter einer Linie und müssen Kirschkerne spucken, so weit es geht. Mit voller Kraft prusten die Olympioniken die harten Kerne ohne jegliche Hilfsmittel durch die Luft. Alexander übertrifft seinen Vorjahresrekord um 20 Zentimeter und siegt mit stolzen 3,80 Meter.

Wer meint, jetzt könnte man sich ausruhen, der irrt. Weiter geht es mit dem Eierlauf. Dieses Mal ist das zu transportierende Gut zwar nicht so schwer wie anfangs die Melone, dafür umso empfindlicher. Jeder bekommt einen Löffel, legt ein rohes Ei darauf und versucht, das Ei unbeschadet durch den Parcours zu bringen. Eine wackelige Angelegenheit! Alle Kinder geben ihr Bestes. Aber nur einer kann siegen. Beim Endspurt *geht es um die Wurst*. Nach einem Kopf-an-Kopf-Rennen ist Lena abermals zuerst im Ziel. Alexander, der ihr auf den Fersen war, ist ein fairer Sportsmann. Man muss ihn nicht *„wie ein rohes Ei behandeln“*: Er kann auch verlieren! Großzügig gratuliert er Lena zum Gesamtsieg.

Stolz besteigt sie das Siegertreppchen, das Opa Ludwig extra aufgebaut hat, und erhält eine Medaille aus Vollmilchschokolade. Als Preis überreicht ihr Oma Marion dazu einen Gutschein für einen Kinobesuch. Die Siegerin darf sieben Begleitpersonen mitnehmen. Natürlich fällt ihre Wahl auf die anderen Olympia-Teilnehmer. Deshalb gibt es nur *Sieger* bei der Garten-Olympiade!

Waschtag

Zwei Maschinen Wäsche hat Marion schon fertig! In der Waschküche gibt es heute viel zu tun. Jetzt nimmt Marion Küchenwäsche und Trockentücher aus der Trommel. Sie hat diese zuvor bei 90 Grad gewaschen, damit auch ja alles richtig sauber wird und kein Fleck zurückbleibt. Marion nimmt dazu ihr altbewährtes Waschmittel. Damit kann man die Sauberkeit sogar riechen, findet sie, und der alte Werbeslogan geht ihr durch den Kopf: „*... da weiß man, was man hat.*"

Marion kann sich noch daran erinnern, wie ihre Oma die Wäsche mühselig mit dem Waschbrett gewaschen hat. Damals gab es zwar schon Waschmaschinen, aber das war ein teures Luxusgut, und die Technik war noch nicht ausgereift. Erst Mitte bzw. Ende der 60er-Jahre wurde die Waschmaschine ein Standard-Haushaltsgerät. Was für eine Erleichterung für die vielen Hausfrauen, denkt sich Marion.

Heute wird Marion die Wäsche nicht in der Waschküche aufhängen, sondern draussen an der frischen Luft. Es ist ein milder Frühlingstag, und die Sonne wirkt bekanntlich wie ein natürliches Bleichmittel. Unternehmungslustig schreitet Marion hinaus zur Wäschespinne und nimmt ein Wäschestück aus dem Korb.

Unweigerlich muss sie an die alten Wäschestangen aus ihrer Kindheit denken. In ihrer Siedlung waren sie hinter dem Haus zu finden, und sie liebte diese „Turnstangen". Als Kind machte sie die waghalsigsten Turnübungen an diesen Stangen. Es gab nichts Aufregenderes, als kopfüber an der Stange zu hängen und die Welt verkehrt herum zu sehen. Dabei schaukelte sie wild hin und her und sprang schließlich von der Stange.

Heute geht das nicht mehr, denkt Marion fast ein wenig wehmütig. Sie entschließt sich, schnell die Wäsche aufzuhängen und dann bei einer gemütlichen Kaffeepause die Vergangenheit aufleben zu lassen. Sie freut sich schon drauf, nach den alten Fotos aus ihrer Kindheit zu schauen. Sie erinnert sich genau an ein reizendes Bild, auf dem zu sehen ist, wie sie mit ihren langen Zöpfen kopfüber an der Wäschestange hängt. Ob es noch zu finden ist?

Traumland

Es ist mal wieder so weit! Einmal im Jahr lädt Marion die ganze Nachbarschaft in ihren schönen Garten ein. Bei Groß und Klein ist dieses Fest im Grünen sehr beliebt. Auch Marions Enkel, Alexander, kann den Samstag kaum erwarten! Für ihn ist der Garten der Großeltern ein kleines Paradies. Man kann Verstecken spielen, es gibt einen Grillplatz, es gibt Johannisbeersträucher, deren Zweige sich im Sommer biegen unter der Last dicker, reifer Beeren, und einen Birnbaum, der in der Sommerhitze Schatten spendet. Und das Wichtigste ist für Alexander: Er darf Fußball spielen im Garten. Er hat sich mit ein paar Nachbarskindern angefreundet, mit denen er zusammen spielt, und das macht jeden Besuch bei Oma und Opa zu einem besonderen Erlebnis.

Sogar einen kleinen Teich gibt es seit einiger Zeit! Marion liebt es, wenn sich darin am frühen Morgen die Vögel baden. Auch ihr Mann, Ludwig, der den Teich mit viel Mühe angelegt hat, beobachtet gern die zwitschernden „Badegäste".

Für ihr Gartenfest legt Marion sich immer richtig ins Zeug. Tagelang überlegt und plant sie, was es zum Essen und zum Trinken geben soll, wie sie dekoriert und welche gemeinsamen Spiele die Gesellschaft machen könnte. In diesem Jahr lautet ihr Motto „Traumland" – das wird besonders den Kindern Spaß machen, hofft Marion; aber natürlich auch all denen, die sich die schönen Seiten ihrer Kindheit bewahrt haben!

An der Wäschespinne hängt Ludwig viele bunte Lampions auf, zwischen Birnbaum und Rosenstock wird eine Girlande angebracht.

Als Tischdecken nimmt Marion einfach zwei blütenweiße Betttücher, deckt Teller, Besteck und Gläser und streut dann gelbe, rote und zartrosa Rosenblätter dazwischen. Das sieht schön aus!

Auch ihre Gäste tragen zum Gelingen des Festes bei. Ein älterer Nachbar bringt selbst gemachte Seifenlauge für Seifenblasen mit: Gekonnt bläst er eine riesige Seifenblase nach der anderen. Alle schweben in ihren schillernden Regenbogenfarben durch die Lüfte, und die Kinder laufen ihnen nach. Die Zwillingsmädchen aus dem Nachbarhaus haben sich als Elfen verkleidet! Und der große Junge vom Ende der Straße hat seine Gitarre mitgebracht. Er spielt: „*Kein schöner Land in dieser Zeit*". Alle singen mit und lassen sich dann bald Ahoi-Brause schmecken, weiße Mäuse aus süßem Schaum und Lakritze. Aber am besten ist Marions Kartoffelsalat! Ludwig ist mächtig stolz auf seine Frau, die eine so fantasievolle Gastgeberin ist. „Der Kartoffelsalat kommt nicht aus dem Traumland, sondern direkt aus dem Schlaraffenland!", sagt er und strahlt.

Kinderessen

Marion ist heute unentschlossen und weiß nicht, was sie kochen soll. Fleisch soll es nicht sein, und selbst auf Fisch hat sie keine Lust. Der Sinn steht ihr auch nicht nach einer guten Suppe. Das will etwas heißen, denn Marion ist ein *Suppenkasper* – sie liebt Suppen aller Art!

Aber heute findet sie nichts, was ihren Geschmack treffen würde. Dann gibt es eben einen Diät-Tag, und es wird nur Obst gegessen, denkt sie sich! Marion schaut in die Obstschale und findet Äpfel, Bananen und Kiwis. Für einen Obstsalat ist das zu wenig, findet sie. Sie schaut im Garten nach und wird bei den Himbeeren und den Brombeeren fündig. Reif hängen die Früchtchen an den Stielen und lachen ihr entgegen. Marion holt tatendurstig eine Schüssel aus der Küche und pflückt eine Beere nach der anderen. Während sie fleißig alle reifen Brombeeren und Himbeeren in die Schüssel legt, muss sie an ihre Kindheit denken.

Früher hatte ihre Oma einen großen Garten. Darin wuchsen viele Himbeer- und Brombeersträucher. Sie besinnt sich, wie die Großmutter vorsichtig die Beeren vom Stiel zupfte. Sie sieht ihre Oma vor sich, wie sie in ihrer geblümten Kittelschürze im Garten stand. Es war eine Zeit der Entbehrungen. Fleisch gab es nur am Sonntag. Das Geld war knapp, und beim Essen wurde gespart. So gab es zu dem Beerenkompott immer Milchreis mit Zimt und Zucker. Wie hat sie dieses Gericht früher geliebt! Und ihre Oma hat es ihr stets mit Liebe gekocht.

Schon bei dem Gedanken an den angenehmen Duft von Zimt durchströmen Marion Glücksgefühle! Nun braucht sie nicht mehr zu überlegen, was es heute zum Essen geben wird:

Sie wird ihre Kindheit aufleben lassen und Milchreis mit Zimt und Zucker kochen! Dazu soll es Himbeer-Brombeer-Kompott geben, so wie früher. Wie schön, dass allein durch das Essen kleine Zeitreisen möglich sind, denkt Marion. Sie ist jetzt mit sich und der Welt im Einklang und richtig zufrieden.

Als ihr Mann Ludwig nach Hause kommt, zieht ihm der Duft von Zimt und Zucker in die Nase. „Oh, Marion, das riecht wie in meiner Kindheit! Damals kochte meine Mutter uns Buben oft Milchreis mit Zimt und Zucker", schwärmt er. „Und jeder wollte den Topf ausschlecken!" „Das darfst du heute auch!", lacht Marion.

Hahn und Henne

„Du, Ludwig, stell dir vor, ich habe heute in der Stadt mein altes Kindergeschirr gesehen", erzählt Marion begeistert. Ihr Mann, Ludwig, hört ihr lächelnd zu. „Das Service gibt es seit über 100 Jahren! Es heißt *Hahn und Henne*. Das Dekor ist unverändert und wunderschön. Damals hätten die Geschirrmaler aus dem Schwarzwald es sich wohl nicht träumen lassen, dass ihre Werke noch heute so im Trend liegen." Marion berichtet weiter: „Es wurde eigentlich für Kinder kreiert, aber auch Erwachsene lieben die handgemalten Teller und Tassen. Im Kaufhaus stellen sie die komplette Serie aus."

„Und was soll das jetzt heissen?", fragt Ludwig nun doch etwas kritisch. Er kennt die Sammelleidenschaft seiner Frau und ihre Liebe zu ausgewähltem Porzellan und Geschirr. Ludwig ahnt, dass seine Frau sich mal wieder nicht beherrschen konnte und viel Geld ausgegeben hat. „Die Schränke platzen doch bald aus allen Nähten, und noch mehr unnützes Zeug brauchen wir nicht", murmelt er mürrisch.

„Aber Ludwig, du wirst mir doch nicht meine Freude an dem Geschirr kaputtreden", entgegnet Marion. „Für mich stellt es einen ganz besonderen Wert dar. Ich sage ja auch nichts, wenn du Geld in dein Hobby steckst und teures Zubehör für deine Modelleisenbahn kaufst."

Immer, wenn Marion im Keller putzen will, ärgert sie sich darüber, dass dort alles zugestellt ist. „Und trotzdem beschwere ich mich nicht", fügt sie leise hinzu.

Da lenkt Ludwig ein: „Du hast ja Recht. *Jedem Tierchen sein Pläsierchen*", antwortet er versöhnlich. „Ich gönne dir natürlich dein neues Geschirr." Er nimmt seine Frau in den Arm und fordert sie auf, ihm zu zeigen, was sie erstanden hat.

Marion wickelt einen Teller aus mehreren Lagen Zeitungspapier. „Ich habe ja nur diesen einen Teller gekauft. Er erinnert mich so an meine Kindheit!" Und schon wieder gerät Marion ins Schwärmen: „Ich weiß noch, wie ich früher über dem Teller saß und mich freute, wenn ich alles aufgegessen hatte. Denn dann konnte man in der Mitte des Tellers den Hahn und die Henne sehen. Deshalb löffelte ich immer ganz schnell meine Suppe aus."

Ludwig spürt, dass dieses Geschirr für seine Frau ein Stück „glückliche Kindheit" bedeutet. Marion nickt und lächelt. „Überhaupt schmeckte alles viel besser von diesem Geschirr!" Davon ist sie jetzt noch überzeugt.

Mäusezähne

Simone hat bei ihrer Arbeit Überstunden angesammelt. Deshalb hat sie heute früher frei. Statt um 14 Uhr kann sie schon um 11.30 Uhr gehen. Allerdings fährt sie heute nicht nach Hause, sondern sie besucht ihre Mutter und freut sich schon auf das Wiedersehen. Mutter und Tochter wollen zusammen zu Mittag essen.

Marion kocht etwas Leckeres für ihre erwachsene Tochter. Sie hat extra gefragt, ob Simone einen besonderen Wunsch hat. Ihre Tochter arbeitet immer viel und hat selbst oft nicht die Zeit für ausgiebiges Kochen. Marion ist sehr stolz auf ihr „fleißiges Bienchen". Neben der Arbeit schmeißt die junge Frau nämlich noch den Haushalt und hat Kind und Mann zu versorgen. Dank ihrer guten Organisation meistert Simone die doppelten Anforderungen von Beruf und Familie mit Bravour.

Simone hat sich für heute eine Graupensuppe gewünscht. Und Marion freut sich über diese Wahl, denn auch sie mag diesen deftigen Eintopf. Marion kocht das Gericht genau so, wie sie es wiederum von ihrer Mutter gelernt hat. Als Kind schon liebte sie die „Mäusezähne" – so nannte ihre Familie die Graupen. Mit Suppenfleisch, Sellerie, Lauch und Möhren wird ein leckeres Essen daraus. Ein mitgekochtes Lorbeerblatt gibt einen kräftigen Geschmack dazu.

Viele Menschen kennen die sättigende Graupensuppe ebenfalls von früher, verbinden aber die bitteren Nachkriegsjahre damit. Deshalb lehnt manch einer die Graupen bis heute ab, zumal sie als typisches *„Arme-Leute-Essen"* galten. Heute entdeckt man wieder die Vorzüge der Graupen, und sie werden sogar in angesehenen Restaurants raffiniert zubereitet. Marion und Simone jedoch bevorzugen die herkömmliche Variante und mögen den Eintopf klassisch.

„Gleich ist das Essen fertig“, frohlockt Marion. Simone wirft einen Blick in die blubbernde Suppe und bekommt schon richtig Appetit. „Weißt du, Mutti, deine Graupensuppe ist die beste“, lobt sie ihre Mutter.

Marion lächelt und sagt: „Ich glaube, jeder denkt von seiner Mutter, dass sie am besten kocht! Das sage ich ja auch über Oma. Und wenn dein Sohn Alexander mal erwachsen ist, wird er von dir sagen: Meine Mutter kocht am besten!“ Da nimmt Simone ihre Mutter in den Arm und strahlt zufrieden.

Spardose

„Die kluge Hausfrau“ – so heißt der Katalog, der Marion in die Hände fällt, als sie den Briefkasten öffnet. Immerhin zählt sie sich selbst zu den klugen Hausfrauen. Neugierig blättert sie gleich in den Angeboten. In dem Werbeheft findet man allerhand Nützliches.

Unter der Rubrik „Wohnen und Haushalt“ sieht Marion eine Spardose, die aussieht wie eine Suppen-Konserve. Angepriesen wird dieser Artikel als unauffälliges Geldversteck. Das Design ist einer Gulaschsuppen-Dose von einer bekannten Marke nachempfunden und sieht täuschend echt aus. Marion schaut sich die Abbildung genau an. Dieses etwas andere Sparschwein hat oben einen Drehverschluss, sodass Geld, Schmuckstücke oder andere Wertsachen Platz darin finden.

Diese Spardose wäre die perfekte Tarnung für ihr Haushaltsgeld! Je länger Marion die Artikelbeschreibung studiert, desto überzeugter ist sie davon. Bisher bewahrt sie ihr monatliches Haushaltsgeld nämlich immer in einer Tasse auf. Leider ist dies für jeden sichtbar, der den Geschirrschrank öffnet: Die Scheine ragen über den Tassenrand hinaus.

Die Suppen-Spardose wäre das weitaus bessere Versteck, denkt Marion als kluge Hausfrau.

„Komisch, wie sich doch manche Sachen vererben“, überlegt sie sich. Schon ihre Mutter deponierte ihr Einkaufsgeld in einer großen Tasse, die im Buffetschrank stand. Marion kann sich noch genau an die alte Steingut-Tasse erinnern. Und Marions Oma machte es auch schon so. Damals gab es zusätzlich noch das Versteck für „größere Beträge“ – in der Bettwäsche im Schlafzimmer. Dort lagen zwischen gestärkten Bettlaken und Kopfkissen zusammengebundene Hundert-Mark-Scheine. Das war wohl die „Bank“ des Wirtschaftswunders, ging es Marion durch den Kopf.

Früher waren solche Verstecke eine gängige Methode, um Ersparnisse aufzubewahren. Und obwohl es keine Zinsen in der Bettwäsche gab, war die Praxis wohl nicht nur in ihrer Familie sehr beliebt. Bis heute gibt es Zeitgenossen, die ihr Geld auf diese unkonventionelle Art aufbewahren. Es werden sogar immer mehr, wie neulich in der Zeitung stand. Sie glauben, nur so ihr hart verdientes Geld vor Bankenpleiten und einer drohenden Inflation retten zu können.

Marions Tochter Simone legt zwar keine Scheine in die Bettwäsche, jedoch ist ihr Geld für den monatlichen Bedarf ebenfalls im Küchenschrank. „Da werde ich für meine liebe Tochter gleich eine „Gulaschsuppen-Spardose“ mitbestellen“, beschließt Marion! Sofort notiert sie die Artikelnummer und macht die Bestellung fertig. Natürlich wird sie nach Empfang der Dose gleich einen glänzenden Glücks-Cent hineinlegen. Wie heißt es so schön: *„Wer den Pfennig nicht ehrt, ist des Talers nicht wert.“*

Im Paradies

Im Garten blüht es prächtig, und es ist eine Augenweide, die vielen Blumen zu betrachten. Der Rittersporn präsentiert sich in verschiedenen Blautönen, und rosa Rosen gesellen sich prachtvoll dazu. Die zarten Glockenblumen sehen aus wie die Hütchen von Elfen. Gute Laune verbreiten die farbenfrohen Zinnien. Unzählige Stauden machen das Fleckchen Erde zu einem kleinen Paradies. Marion hat bewusst auch Stauden gepflanzt, die schon früher ihre Großmutter in ihrem Garten hatte. Dazu zählen das Tränende Herz, Hortensien und die Fette Henne. Oft hat sie als Kind in dem „Zaubergarten" der Großmutter gespielt und glückliche Tage dort verlebt.

Vielleicht hat Marion deshalb einen „grünen Daumen". Sie hegt und pflegt ihr Blumenreich mit Hingabe. Ein weiser Mann hat einmal gesagt:

Den Garten des Paradieses
betritt man nicht mit den Füßen,
sondern mit dem Herzen.

Selbst Ludwig, ihr Mann, ist von dem schön angelegten Garten beeindruckt und überlässt die Anordnung der Pflanzen seiner Frau. Dafür mäht er den Rasen, repariert alles rund ums Haus und schneidet die Hecken. Mit handwerklichen Arbeiten kennt sich Ludwig aus. Heute soll endlich das Kräuterbeet eingezäunt werden. Ludwig hantiert im Garten und holt die kleinen Zaunlatten. Gekonnt pflockt er sie mit dem Hammer im Erdboden ein. Nach gut zwei Stunden schweißtreibender Arbeit ist das Werk vollbracht. Er ruft Marion zur Begutachtung, und beide sind zufrieden.

„Ludwig, das hast du toll gemacht", lobt ihn seine Frau. „Jetzt ist mein Kräuterbeet so, wie es sein soll. Schließlich sollen sich der Salbei, die Petersilie, der Schnittlauch, das Bohnenkraut und der Dill auch wohlfühlen." Und weil sie ans Abendessen denkt, fügt sie lächelnd hinzu: „Auch das Basilikum für die leckeren Tomatengerichte hat nun ein schöneres Zuhause." Ludwig bückt sich und zupft einen kleinen Stängel vom Rosmarin ab, zerreibt die Nadeln zwischen den Fingern und lässt Marion daran riechen. „Mmh, das riecht herrlich würzig!" „Ja, was wäre ein Kräutergarten ohne den belebenden Duft von Rosmarin?", meint Ludwig. „Gegrilltes Lamm ohne Rosmarin – undenkbar!" Er riecht noch mal am Rosmarin, der seinen unverkennbaren Duft verströmt.

„Nach der harten Arbeit und der angenehmen Duftprobe kriege ich richtig Hunger", stellt Ludwig fest. Seine Frau kann ihn beruhigen: „Mein Schatz, du kannst mir gleich noch einige Stängel vom Rosmarin geben. Ich mache dir jetzt leckere Bratkartoffeln mit frischem Rosmarin. Das schmeckt nach Sommer, Sonne, Süden. Und dazu gibt es Tomatensalat mit Basilikum. Bei einem Glas Wein können wir dann unser blühendes Paradies so richtig genießen!"

Die neue Feuerschale

Der Postbote klingelt und bringt ein schweres Paket. Marion weiß sofort, was die Sendung enthält. Sie hat mit Ludwig zusammen eine Feuerschale für den Garten bestellt. Die Schale kommt von einem englischen Hersteller und wurde in Indien per Handarbeit gefertigt. Das Internet macht's möglich: Man kann heute Waren von überall auf der Welt einkaufen. Durch den Kauf der Schale, so hat Marion gelesen, wird zudem ein soziales Projekt in Indien gefördert.

Die beiden wollen ihre neue Anschaffung sofort ausprobieren und im Garten ein schönes Feuer machen. Ihr Enkelkind, Alexander, ist natürlich auch eingeladen. Er kann es kaum erwarten. Sie verabreden sich noch für den gleichen Abend mit Alexander und seinen Eltern im Garten.

Wie heißt es so schön: „*Wer will gutes Feuer halten, muss erst das grobe Holz zerspalten.*" Ludwig schichtet dicke Äste und darüber ein paar dünne, die sich leicht entzünden, so wie ein paar trockene Äste übereinander. Er zündet das Feuer an, und langsam schlagen kleine Flammen hoch. Alle sitzen gemütlich um das offene Feuer herum. Begeistert erzählt Ludwig: „Das ist wie zu Zeiten der Steinzeitmenschen. Die saßen auch um Feuerstellen vor ihren Höhlen. Das Feuer hatte immer schon lebenswichtige Aufgaben. Es wärmte nicht nur, sondern vertrieb auch gefährliche Tiere. Erst als der Mensch gelernt hatte, Feuer zu machen, konnte er Fleisch garen und zubereiten. Ohne Feuer hätte es wohl keine Evolution der Menschheit gegeben."

Sein Schwiegersohn, dem schon der Magen knurrt, scherzt: „Ich würde jetzt aber viel lieber etwas essen als einen Vortrag über Steinzeitmenschen anzuhören ..." Ludwig lacht und erwidert: „Zum Glück müssen wir beide nicht vorher noch ein Tier erlegen. Ich war nämlich einfach beim Metzger meines Vertrauens und habe Fleisch und Würstchen zum Grillen geholt." Schon steht er auf, um für jeden einen großen Fleischspieß zu holen. „So, nun könnt ihr ‚Neandertaler' spielen und eurer Essen selbst über dem Feuer garen", sagt er und macht es vor.

Jeder hält seinen Spieß in die lodernden Flammen und fühlt sich in diesem Moment an die Urzeit erinnert. Alexander sitzt zwischen seinem Opa und seinem Papa, er ist mit Feuereifer dabei. Marion und ihre Tochter zwinkern sich zu. Beide bemerken, dass besonders die Herren der Schöpfung das Grillen lieben: Es ist fast ein wenig „archaisch" – aus einer alten Zeit stammend.

Im Garten duftet es nach Buchenholz, und die Funken des Feuers knistern in der Luft. Aus dem Gras hört man zirpende Grillen. „Schaut mal!", ruft Alexander, und alle folgen seinem Blick: Ein wenig abseits hat er tanzende Glühwürmchen entdeckt. Der Abend mit der Feuerschale ist ein unvergessliches Erlebnis für die ganze Familie.

Spanit

Marion und Ludwig Moser sind mittlerweile seit 35 Jahren beisammen und seit 33 Jahren verheiratet. Sie haben Höhen und Tiefen erlebt, so wie es wohl vielen Ehepaaren ergeht. Ihr größter Stolz ist ihre wohlgeratene Tochter, die sie beide sehr lieben. Das Enkelkind Alexander ist ebenfalls ein großes Geschenk für Oma und Opa.

In den Jahren des Zusammenseins entwickelten Marion und Ludwig eine tiefe Vertrautheit. Ihr Geheimrezept für eine „gute Ehe" ist gegenseitiger Respekt und ein ehrliches Miteinander. Und selbst wenn der Haussegen mal schiefhängt, finden beide immer wieder schnell zueinander. Nicht umsonst heißt es: *Gewitter reinigen die Luft.* Man könnte auch sagen, ein Streit zwischen zwei Liebenden ist wie *„das Salz in der Suppe"*! Aber zum Glück kommen Auseinandersetzungen eher selten vor, denn beide mögen es harmonisch.

Die Harmonie geht sogar so weit, dass oft einer von beiden etwas denkt und der andere es im selben Moment ausspricht. Genau das passiert wieder einmal, als Marion gerade am Küchentisch sitzt, um ihre Einkaufsliste zu schreiben.

Sie murmelt laut: „Was sollen wir denn morgen, am Freitag, essen?" Einen Moment später sagt sie wie zu sich selbst: „Fisch mag ich, ehrlich gesagt, nicht schon wieder." Sie überlegt weiter.

„Hm ..." Ludwig grübelt ebenfalls über die Auswahl des Essens nach. Er ist noch ganz in seinen Gedanken, als Marion einfällt: „Was hältst du von Spinat?" Ludwig zuckt regelrecht zusammen, als er das hört, und erwidert: „Genau! Spinat! Ob du mir das jetzt glaubst oder nicht – ich habe gerade gedacht, Spinat wäre das Richtige!"

„Siehst du, Ludwig, du denkst etwas, und ich spreche es schon aus!", sagt Marion lachend. „Ja, Marion, du sprichst ohnehin viel", schmunzelt Ludwig. „Was soll das denn heißen, spreche ich dir etwa zu viel?" „Nein, keinesfalls", beschwichtigt Ludwig, „aber wenn du mal in Fahrt bist, kannst du reden, ohne Luft zu holen." Jetzt holt Marion aber tief Luft und antwortet: „Ja, die Männer reden eben weniger, und es ist ja auch bewiesen, dass sie einen kleineren Wortschatz haben! Aber Kommunikation ist heutzutage das A und O!", bekräftigt sie, und bemerkt dann lapidar: „Nun gut, dann gibt es morgen Spanit."

Ludwig horcht auf und fängt an zu lachen! „Siehst du" sagt er, „das meine ich: Was soll denn Spanit sein? Du sprichst schneller, als du denkst! Aber mit dir esse ich auch gerne Spanit." Beide amüsieren sich köstlich über den Versprecher, und ab diesem Tag kommt bei Familie Moser nur noch „Spanit" statt Spinat auf den Tisch.

Auf dem Land

Beim Einkaufen auf Qualität achten, das versucht Simone immer. Deshalb fährt sie gern aufs Land. Sogenannte „Hofläden“ gibt es immer mehr, und die Waren kommen dort direkt vom Erzeuger. So ein Wochenend-Ausflug wird einmal im Monat unternommen. Die ganze Familie ist mit von der Partie.

Auch ihr Mann, Michael, der gern und gut kocht, kauft mit Vorliebe frisches Fleisch vom Bauern. Aber am meisten Begeisterung weckt diese Art des Einkaufens bei dem achtjährigen Alexander. Er kann dabei die Landwirtschaft und die dazugehörige Tierwelt bestaunen.

Wenn man in der Stadt lebt, ist so eine Tour fast wie Urlaub. Bereits nach einer kurzen Autofahrt durchquert man romantische Ortschaften, in denen riesige Maibäume stehen. Felder und Wiesen säumen die Landstraßen, und man sieht das majestätische Bergpanorama. Es riecht an manchen Stellen schon nach „gesunder Landluft“ – wenn mal wieder gejaucht wurde. Auch das gehört dazu und sorgt für das authentische ländliche Flair. Unterwegs sieht man an vielen Gehöften Schilder mit der Aufschrift „Frische Eier, Kartoffeln“ oder direkte Hinweise zu einem Hofladen.

Bei schönstem Sonnenschein kommt die Familie auf dem Hof an und wird gleich von schnatternd umherlaufenden Gänsen begrüßt. Auf der Weide liegen Kühe faul im Gras und sind mit dem Wiederkäuen gut beschäftigt. Einmalig ist das riesige Freigehege für die Hühner. Sie haben weitläufige Grasflächen mit kleinen Wasserstellen und Schattenplätzen unter Bäumen und Büschen. Bei schlechtem Wetter können sie den großen Stall aufsuchen. „Hier gibt es Eier von glücklichen Hühnern", freut sich Simone. Schon allein der Eier wegen lohnt eine Fahrt hierher. Empfehlenswert ist auch der hausgemachte Eierlikör. Simone kauft gleich eine Flasche für ihre Schwiegermama mit ein.

Alexander bewundert derweil einen Traktor-Oldtimer, der in einer offenen Scheune steht. Ein glanzvolles Schmuckstück, das mit viel Liebe und Können restauriert wurde: ein Deutz D30, Baujahr 1962, im typischen Grün mit roten Felgen. Als Alexander diese schmucke Landmaschine bestaunt, kommt der Landwirt hinzu und fragt: „Magst a Runde fahren?" „Oh ja, das wäre ein Abenteuer!", entgegnet Alexander in freudiger Aufregung. Sofort besteigt er den 28 PS starken Traktor, und der Besitzer kutschiert ihn eine Viertelstunde lang über Hof und Acker. Der Junge strahlt vor Glück. Mit geschwellter Brust sitzt er auf dem Gefährt. Sein Vater ist begeistert, dass sein Sohn diese einmalige Gelegenheit bekommt, und bedankt sich bei dem Besitzer. „Ja mei, wir waren doch alle mal jung", murmelt der liebenswerte Landwirt und schlurft in seinen Gummistiefeln von dannen.

Das war ein aufregender Ausflug. Alexander schwärmt noch Tage nach dem Hofbesuch von seiner Traktor-Ausfahrt und erzählt es stolz seinen Schulkameraden.

Die gute alte Zeit

Nach vielen Jahren mochte Marion mal wieder ihre alte Heimat Westfalen besuchen. Sie hat für den Urlaub ein kleines Häuschen im schönen Münsterland gemietet. Denn Charley, der Hund, kommt mit und kann sich so in dem dazugehörigen Garten frei bewegen. Die Gastfamilie bietet Unterkunft mit Frühstück an und vermietet dazu das alte Backhäuschen –ein Kleinod für Naturfreunde und Menschen, die einen ruhigen und beschaulichen Urlaub verbringen möchten.

Es ist, als wäre die Zeit stehen geblieben. Beim Blick aus dem Fenster, das wunderschöne Butzenscheiben hat, schaut man in einen Rosengarten. Alte englische Rosensorten blühen hier um die Wette – ihr Duft ist ein sinnliches Erlebnis. Eine große Wiese lädt zum Entspannen ein, und links gibt es einen Teich, an dem die Gastgeberin auf Wunsch das Frühstück serviert. „Oh, Ludwig, ist das schön hier!“, ruft Marion ihrem Mann zu. Sie genießt das romantische Ambiente. Das Brot ist selbst gebacken, die Eier stammen von den freilaufenden Hühnern, und die Marmelade ist auch selbst gemacht. Der geräucherte Schinken, eine westfälische Spezialität, verströmt seinen delikaten Duft. Marion fühlt sich wie im Paradies, denn die vertrauten Gerüche lösen bei ihr ein Wohlgefühl aus. Sie fühlt sich heimelig, und das bekannte Läuten der vielen Kirchenglocken trägt auch dazu bei. Marion fällt dazu die alte Redensart aus dieser Gegend ein: *„Entweder es regnet oder es läuten die Glocken.“*

„Na da haben wir Glück, dass heute nur die Glocken läuten“, freut sich Ludwig, denn beide möchten eine Besichtigungstour unternehmen. Zuerst geht es in das Glockenmuseum nach Gescher. Bei einer fachmännischen Führung erfahren die Urlauber, wie die Kirchenglocken gegossen werden. Danach steht das Geburtshaus der berühmten Dichterin Annette von Droste-Hülshoff, die von 1797 bis 1848 lebte, auf dem Programm: Das für diese Gegend typische Wasserschloss liegt eingebettet in der malerischen Parklandschaft des Münsterlandes. Das Herrenhaus blickt auf eine lange Familientradition zurück. Die Vorfahren der Dichterin erwarben den Rittersitz schon 1417.

Marion und Ludwig schlendern durch den Schlosspark und besichtigen dann die Innenräume der Burg Hülshoff. Marion ist ganz fasziniert von den alten Gemälden. Ludwig steht staunend vor einer echten Ritterrüstung: „Ob es in unserer Familie auch mutige Ritter gab?“, philosophiert er. „Bestimmt!“, versichert Marion ihrem Gatten. „Du bist mutig und ritterlich dazu! Das hast du doch bestimmt von deinen Ahnen. Unsere Familienchroniken sind sicherlich nicht minder spannend.“ Der Gedanke gefällt Ludwig, und ritterlich reicht er seiner holden Marion den Arm, um sie ins Burg-Café zu führen.

Sputnik und Mett-Igel

Große Ereignisse werfen ihre Schatten voraus … Ludwigs 60. Geburtstag steht an, und Marion überlegt schon seit Wochen, wie sie Ludwig eine besondere Freude machen könnte. Zuerst hatte sie die Idee, mit Ludwig zu verreisen, damit sie den Ehrentag in trauter Zweisamkeit verbringen könnten. Eine andere Möglichkeit wäre, mit der Familie in ein richtig feines Restaurant zu gehen. Beide Ideen wurden wieder verworfen, als Marion auf eine neue Idee kam: „Wir laden zu einer Party ein!" Das Motto sollte „Die bunte Flower-Power-Zeit" sein. Ludwig erinnert sich gern an die sogenannte Hippiezeit. Schließlich hat er als Jugendlicher die Sechziger und Siebziger hautnah miterlebt.

Eingeladen werden einige Schulfreunde aus der damaligen Zeit und vertraute Wegbegleiter von Ludwig. Alle kommen mit Anhang, sodass ungefähr 25 Gäste in bester Laune eintreffen. Das ist eine bunte Gesellschaft, denn die meisten haben sich dem Motto entsprechend gekleidet. Die Frauen tragen Blumen im Haar, und manche Männer haben sich sogar ein Stirnband umgebunden, um „flippig" auszusehen.

Natürlich wird auch die Musik passend ausgewählt und stilecht dargeboten. Auf einem alten Schallplattenspieler laufen Hits wie „California Dreaming" von The Mamas & The Papas oder „San Francisco" von Scott McKenzie. Im Partykeller hat Marion Fotos aufgehängt, auf denen Ludwig mit seinem VW Bulli zu sehen ist. Die schönsten Plätze hat er früher mit diesem Auto bereist!

Nach der fröhlichen Begrüßung erklärt Ludwig das Buffet als eröffnet. Marion hat tagelang und mit viel Liebe das Essen zubereitet. Sie bietet typische Speisen an, wie man sie aus den Siebzigern kennt. Mehrere lustige Mett-Igel mit Stacheln aus Zwiebelstreifen machen Appetit. Die gekochten Eier haben ein Tomaten-Hütchen mit weißen Mayonnaise-Pünktchen auf und sehen aus wie witzige Fliegenpilze. Auf dem Kartoffelsalat liegen „Russische Eier", mit Senfcreme gefüllt und mit Kaviar-Ersatz garniert. Marion hat Spargel in Schinken gewickelt, und an diesen Schinkenröllchen erfreuen sich besonders viele Gäste. Auf ausladenden Platten sind Käsewürfel angerichtet, auf denen Weintrauben aufgespießt sind. Die Gäste greifen auch immer wieder zum Waldorfsalat mit Sellerie, Mandarinen und Nüssen. Alle genießen die legere Atmosphäre und tauchen ein in die damalige Zeit.

Als besondere Überraschung bringt Ludwigs bester Freund eine Originalzeitung mit dem Datum von Ludwigs Geburtstag mit. Dort kann man nachlesen, dass 1957 die Sowjetunion den ersten Satelliten „Sputnik" ins Weltall sandte. Konrad Adenauer feierte einen überwältigenden Erfolg bei der Bundestagswahl, und auf der Internationalen Automobil-Ausstellung wurde der NSU Prinz als Prototyp vorgeführt. „So ereignisreich war das Jahr deiner Geburt!", staunen die Gäste und feiern fröhlich bis in die späte Nacht.

Junger Holländer

In unmittelbarer Nachbarschaft von Marions Zuhause befindet sich ein *Tante-Emma-Laden*, wie es ihn nur noch selten gibt. Da er zu Fuß erreichbar ist, kauft Marion oft dort ein. Ein älteres Ehepaar betreibt den traditionellen Familienbetrieb. Die Inhaberin bedient meist an der Fleisch- und Wursttheke, während ihr Mann an der Brot- und Käsetheke zu finden ist. Trotz der Supermärkte im Ort erfreut sich dieses Kleinod großer Beliebtheit. Das liegt an dem guten Service und der Freundlichkeit des Personals. Wo sonst werden betagten Kunden die schweren Taschen vom Chef persönlich bis an die Türschwelle gebracht?

Hier macht das Einkaufen noch richtig Freude. Der kleine Laden ist ein Treffpunkt für die Nachbarschaft. Die Neuigkeiten verbreiten sich in Windeseile vom Laden in die ganze Siedlung. So ist der beliebte Tante-Emma-Laden der Mittelpunkt des Wohngebiets. Viele Rentnerinnen und Rentner kaufen hier ein, halten ein Schwätzchen und pflegen ihre nachbarschaftlichen Kontakte. Gerade wenn das Gehen schwerer fällt, ist der Laden um die Ecke ein Segen.

Marion braucht nur ein paar Kleinigkeiten und steht beim Brot an. Vor ihr steht Frau Krause, die zuerst ein frisches Roggenbrot kauft und dann Käse möchte. Heute ist holländischer Gouda im Angebot. Hundert Gramm kosten 99 Cent. Frau Krause sagt zu dem Mann hinter dem Tresen: „Ich möchte gern den jungen Holländer!“

Der Mann hört sich ein wenig an wie Rudi Carrell, denn er antwortete mit seinem vertrauten holländischen Akzent: „Gnädige

Frau, Sie müssen schon mit mir vorliebnehmen. Ich bin ein alter Holländer und komme aus Amsterdam. Also ein echter Holländer, aber im mittleren Alter. Wenn Sie jedoch den Gouda-Käse wünschen, schneide ich Ihnen gern ein paar Scheiben ab.“ Frau Krause stutzt einen Moment, dann lacht sie aus vollem Hals. „Ich meine natürlich den ‚jungen Holländer‘ in geschnittener Form“, berichtigt sie dann. „Ach, soll ich jetzt auch noch zum Friseur?“, scherzt ihr Gegenüber.

Nun kann sich auch Marion das Lachen nicht mehr verkneifen. „Genau aus diesem Grund gehe ich hier so gerne einkaufen“, sagt sie schließlich. Das freut den „alten Holländer“ natürlich, und während er ein paar Scheiben vom Gouda abschneidet, summt er das Lied „Tulpen aus Amsterdam“.

Beklopptes Kotelett

Heute hat Simone ihre Eltern zum Essen zu sich eingeladen. Das kommt gar nicht so oft vor. Ludwig und Marion machen sich voller Freude auf den Weg. Dazu fahren sie in die Stadt, und nach einer guten halben Stunde sind sie pünktlich bei den Gastgebern eingetroffen.

Alexander, ihr Enkel, läuft schon aufgeregt umher und freut sich über den Besuch der Großeltern. Im Esszimmer ist alles eingedeckt. Simone hantiert noch in der Küche. Ludwig und Marion nehmen schon Platz und machen es sich am Tisch gemütlich. Michael, Simones Mann, holt derweil kaltes Bier aus dem Keller. Gekonnt schenkt er seinem Schwiegervater ein Glas Bier ein.

Dazu nimmt er sich viel Zeit, damit sich eine schöne Schaumkrone bilden kann. Ludwig bedankt sich und sagt: „Perfekt eingeschenkt, lieber Michael." Für alle anderen am Tisch holt Michael Limonade.

Aus der Küche riecht es schon lecker, und als Ludwig fragt, was es zu essen gibt, antwortet der achtjährige Alexander geschwind: „Beklopptes Kotelett." Alle lachen, und Ludwig fragt seinen Enkel amüsiert: „Was ist denn das?" Alexander hat schnell eine Erklärung für seinen Opa: „Die Mama klopft das Kotelett immer, bevor sie es in der Pfanne brät. Deshalb heißt es bei uns ‚beklopptes Kotelett'!" Michael und Ludwig prosten sich zu. „Ja, der Junge schnappt immer was auf, und manchmal ist er ein richtiger Kasper", sagt der Großvater. „Wo er das wohl her hat?" Michael zwinkert seinem Schwiegervater zu. Seinem Sohn streicht er liebevoll über das Haar.

„Im Grunde genommen hast du ja Recht", wendet er sich an Alexander, „Es handelt sich schließlich um ein geklopftes Kotelett. Durch das Klopfen soll das Fleisch weicher werden. Das wussten schon die Hunnen und die Cowboys im Wilden Westen!" „Wieso die Cowboys?", fragt Alexander ungläubig. Jetzt ist Michael in seinem Element. Er erklärt bereitwillig: „Die kannten sich mit Fleisch von Rindern aus. Sie haben ihr Fleisch einfach unter den Sattel gelegt und es weich geritten. Die Hunnen haben das auch so gemacht. Von den Mongolen und Tataren wissen wir, dass sie auf ihren Kriegszügen immer Fleisch mitführten. So hatten sie für viele Wochen Nahrung. Das Fleisch wurde allerdings zerkleinert. Daher stammt übrigens der Begriff ‚Tatar'!"

Ludwig ist beeindruckt und stellt fest: *„Man wird alt wie eine Kuh und lernt immer noch dazu!"*

Simone serviert das Essen. Auf dem Tisch stehen die „bekloppten Koteletts" mit Leipziger Allerlei und Kartoffeln. „Wenn sie nicht weich genug sind", sagt sie lachend zu ihrem Mann, „dann musst du mit ihnen unter dem Sattel ausreiten!"

Advent im August

„Stell dir vor, Ludwig, wir haben jetzt Ende August. Und im Supermarkt stehen schon Paletten mit Adventssachen!"

Kaum ist Ludwig von der Arbeit zu Hause, legt Marion los und will ihm erzählen, was sie beschäftigt. Ludwig knurrt: „Schatz, gib mir bitte zehn Minuten, damit ich in Ruhe meinen Feierabendkaffee trinken kann." Marion holt den Kaffee und will schon wieder zu Sprechen anfangen, aber sie beherrscht sich gerade noch. Schließlich kennt sie das Sprichwort: *„Reden ist Silber, Schweigen ist Gold."* Da Ludwig aber weiß, wie schwer seiner Frau diese Übung fällt, fragt er schon bald liebevoll: „Was hast du denn heute erlebt?" Und sofort bricht es aus Marion heraus.

„Spekulatius, Marzipan, Lebkuchenherzen, Printen … Das steht alles schon in den Regalen, dabei ist es doch viel zu früh für Weihnachtsgebäck!", stellt sie fest. „Ja, Marion das finde ich auch. Aber man muss es ja noch lange nicht kaufen", schlägt Ludwig ihr mit einem Augenzwinkern vor. „Du bist gut – einfach nichts kaufen …", antwortet Marion heftig. „Stell dir die Kinder im Laden vor. Die werden doch bewusst verführt. Süßigkeiten werden extra so platziert, das die Kleinen aus dem Kinderwagen danach greifen können. Natürlich verlangen sie danach. Die Mütter müssen dann die schreienden Kinder wieder beruhigen."

„Das sind meistens die Kinder, die nicht wissen, was sich gehört. Wir haben uns das früher nicht getraut", entgegnet Ludwig nun doch gereizt. Er hatte sich auf seine Couch und eine ruhige

Zeitungslektüre gefreut. Stattdessen muss er mit seiner Frau über Sachen diskutieren, die ihn gar nicht wirklich interessieren.

„Ludwig, jetzt vergleichst du aber Äpfel mit Birnen. Schließlich gab es früher gar nicht so ein umfangreiches Angebot. Wir waren doch froh, wenn wir selbst gebackene Plätzchen und Orangen im Advent bekamen." Darauf beginnt Ludwig zu sticheln: „Ja genau, das meine ich, die Kinder sind heute viel zu verwöhnt. Das siehst du bei unserem Enkel, dem kaufst du ja auch alles." Beleidigt gibt Marion zurück: „Ach, weißt du Ludwig, jetzt wird's mir zu bunt." Nun fragt Ludwig: „Wer hat denn mit der ganzen unnötigen Diskussion angefangen, liebe Marion?"

Da lenkt Marion endlich ein. „Ach Schatz, lass uns nicht streiten. Ich hole dir lieber ein paar leckere Plätzchen zu deinem Kaffee. Die habe ich aus dem Supermarkt mitgebracht." Sie holt eine Packung, öffnet sie – und es kommen weiße Pfeffernüsse zum Vorschein! „Oje, ich war ohne Brille einkaufen", entschuldigt sich Marion. „Ich dachte, es wären Butter-Plätzchen …" Da amüsieren sich die beiden sehr und genießen vergnügt die Advents-Spezialität – und das bei sommerlichem Wetter im August.

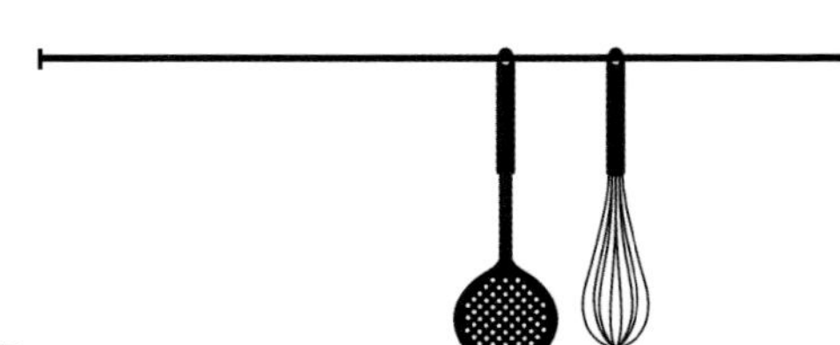

Blaue Zunge

„Der Spätsommer ist doch die schönste Jahreszeit!", freut sich Marion und bricht mit Ludwig zu einem ausgedehnten Spaziergang auf. Ludwig hat seine neue Wanderhose an und stolziert mit seinem Spazierstock durch Feld und Flur. Den Stock hat er schon viele Jahre, und er hängt sehr an seinem treuen Begleiter. Seine Frau hat ein kleines Körbchen dabei, denn sie hofft, Früchte und Beeren im Wald zu finden.

Unterwegs zwitschert es in den Bäumen, und man meint, die Vögel singen nur für Marion und Ludwig ihr Lied. Es wimmelt und raschelt zwischen den Blättern, und ein goldener Lichtstrahl taucht den Hain in strahlenden Glanz. Beide sind erfüllt von der erhabenen Natur. Ihnen geht das Herz auf, und sie wandern frohgemut durch den Wald. Marion hält Ludwigs Hand und spricht: „Wir sind beide *aus dem gleichen Holz geschnitzt.*"
„Das ist wahr", antwortet Ludwig leise und dankt dem lieben Gott, diese glücklichen Momente mit Marion erleben zu dürfen.

Nach einer halben Stunde Fußmarsch entdecken sie in einer Waldlichtung Blaubeeren. Unzählige Sträucher wuchern am Boden und verteilen sich über eine große Fläche. In manchen Regionen heißen sie Heidelbeeren, weil der Strauch gern in Heidelandschaften wächst. Marion macht sich sofort daran, die kleinen blauen Früchtchen zu pflücken. Ludwig hilft fleißig mit, und ruck, zuck, ist das Körbchen voll.

„Welch eine Ausbeute!", stellt Marion entzückt und dankbar fest.

Zufrieden treten Ludwig und Marion den Heimweg an. Kaum zu Hause angekommen, bereitet Marion die Blaubeeren als Kompott zu. Dazu gibt es frische Eierpfannkuchen, und die Wandersleut' lassen es sich richtig schmecken.

Nach dem leckeren Mahl stellen beide verdutzt fest, dass sie eine blaue Zunge haben. Der ganze Rachen und sogar die Lippen sind verfärbt. „Jetzt sehen wir aus wie die berühmten chinesischen Hunde", meint Ludwig. „Welche chinesischen Hunde?", fragt Marion neugierig. „Die Chow-Chows. Die Nachbarn gegenüber haben so einen", erwidert Ludwig. „Das ist ein lieber, ruhiger Hund", stellt Marion fest, „fast wie ein Teddybär." „Eisbären haben auch eine blaue Zunge", bemerkt Ludwig. „Und du bist immer noch mein Kuschelbär", fügt Marion vergnügt hinzu und drückt ihren Ludwig ganz fest an sich.

Literatur-Café

„Willkommen zur Lesung!“, steht in geschwungenen Buchstaben auf einer Tafel. Marion und Ludwig besuchen heute eine Literatur-Veranstaltung. In der Stadt gibt es ein wunderschönes Café. Es ist nicht zu groß, sodass eine heimelige Stimmung aufkommt. Die Einrichtung ist sehr gemütlich. Im vorderen Raum stehen weiße Holztische, und an den Wänden hängen romantische Spiegel. Die Tapeten sind blau gestreift, das gibt dem Raum eine nordische Note. Alles wirkt hell und freundlich. Zudem kann man ausgezeichneten Kaffee und hausgebackenen Kuchen genießen. Auch die Torten sind bei den Gästen sehr beliebt.

Im hinteren Raum, der ein wenig abgetrennt ist, stehen Bistrotische und an der Wand ein riesiges Bücherregal. Eine umfangreiche Bibliothek findet sich hier. Der Clou ist eine bequeme Couch mit einem Beistelltisch und einer Leselampe. Hier können Autoren ihre Werke präsentieren.

Gleich beginnt die Veranstaltung; Marion und Ludwig haben sich einen guten Platz gesichert und verfolgen die Begrüßungsansprache. Dann wird es still. Man könnte eine Nadel auf den Boden fallen hören. Die Künstlerin begrüßt die Gäste und nimmt auf der Couch Platz. Sie setzt sich eine Lesebrille auf, trinkt einen Schluck Mineralwasser und atmet ruhig durch. Dann schlägt sie ihr Buch auf, schaut in die Runde und beginnt. Die Zuschauer sitzen gebannt und lauschen der Schriftstellerin. Eines ihrer Gedichte beschäftigt Marion besonders.

Glück

Wo finde ich nur das ersehnte Glück?
In Erinnerungen, im Blick zurück?
Mit Erwartung auf eine Zukunft froh?
Durch Sicherheit, kluge Vernunft und so?
Durch Abenteuer im aktiven Leben?
Durch mehr Moral und den Wunsch zu geben?
Im Kreis der geliebten Menschen daheim?
In allumfassender Liebe, die wir verschenken, rein?
Im Lachen, hell, vom lieben Kind?
Beim Spaziergang am Meer mit Salzluft und Wind?
Der betörende Duft von blühenden Rosen im Garten –
alles ist Glück, doch sollte man nie darauf warten …

Am Ende der Lesung klatschen die Zuhörer laut Beifall, und die Schriftstellerin dankt ihrem Publikum. Das Gedicht animiert einige Zuhörer, darüber nachzudenken, was für sie selbst Glück bedeutet. Auch Marion und Ludwig philosophieren darüber und stellen fest, dass sie in ihrem Leben großes Glück haben und dankbar dafür sind.

Süße Erinnerungen

Marion ist in Hochstimmung, denn gleich geht es auf das Münchner Oktoberfest. Im neuen Dirndl präsentiert sie sich ihrem Ehemann und wartet auf ein Kompliment. Ludwig mustert seine Gattin und ist von ihrem Anblick verzaubert. Beeindruckt sagt er: „Donnerwetter, siehst du fesch aus, mein Schatz!" Freudig drückt Marion ihrem lieben Mann ein Küsschen auf die Wange, und beide machen sich auf den Weg.

Arm in Arm schlendern sie über die Wiesn, wie das größte Volksfest liebevoll genannt wird. Es gibt allerhand Attraktionen zu bewundern. In riesigen Fahrgeschäften, bei denen einem schon vom Hinsehen angst und bange wird, sitzen jauchzende Besucher. Aus den Lautsprechern ertönt laute Musik.

Aber auch ganz unspektakuläre Buden gibt es, wo Dosenwerfen angeboten wird. Das kennt Marion aus ihrer Kindheit. Damals kosteten drei Wurf 50 Pfennig. Ihre gedankliche Zeitreise setzt sich fort, als beide an einem wunderschönen Karussell vorbeikommen. Weiße Pferde mit goldenem Zaumzeug drehen sich im Kreis. „Ach, wie schön", ruft Marion und läuft verzückt zu dem antiken Kindertraum. Sie streichelt eins der schmucken Pferdchen und ist in diesem Moment glücklich.

Weiter geht es durch die breiten Gassen. Es riecht nach Zuckerwatte. Die roten Paradiesäpfel stechen Marion ins Auge. Daneben liegen Lakritze und Türkischer Honig. Schon als Kind liebte sie diese Süßigkeiten, und es ist Tradition, ein Sortiment von diesen „süßen Erinnerungen" mitzunehmen. Der Clou sind jedoch die gebrannten Mandeln: Kein Duft der Welt ist angenehmer! Wenn sie noch warm sind, schmecken sie am besten, findet Marion und kauft sogleich eine große Tüte voll. Einmalig sind diese besonderen Spezialitäten, die es nur auf Volksfesten gibt. Ludwig bekommt langsam Hunger. Ihm steht der Sinn nach „Deftigem". Steckerlfisch oder Ochsenbraten und eine Maß Bier dazu, das ist jetzt nach seinem Geschmack.

Nach der Stärkung zieht es Ludwig zu einem Schießstand, und er fragt seine Gemahlin scherzhaft: „*The same procedure as every year?*" „Natürlich", antwortet Marion lachend, „wie jedes Jahr!" Und Ludwig legt gekonnt das Gewehr an. Konzentriert zielt er auf eine Rose. Er trifft – und überreicht die Rose stolz seiner Angetrauten. Sie ist gerührt und sagt: „Wir waren vor 35 Jahren zum ersten Mal gemeinsam auf dem Oktoberfest, und damals hast du mir als junger Kavalier die erste Rose geschenkt. Fast jedes Jahr haben wir diesen Brauch weitergeführt, und ich bereue keinen Tag mit dir. Danke für unsere gemeinsame Zeit." Auf der Heimfahrt schwelgen beide in „süßen Erinnerungen".

Omas Nudelholz

Ludwig ist mit einem guten Freund verabredet. Die beiden wollen zum Frühschoppen. „Bitte sei aber pünktlich zum Essen wieder zurück", mahnt ihn seine Frau Marion, ehe er sich auf den Weg macht. „Ja, ich bleibe nicht lange!", ruft Ludwig ihr fröhlich zu. Marion hat sich längst die Schürze umgebunden und macht sich in der Küche zu schaffen. Heute kocht sie Rindsknochen aus für eine frische Suppe, und als Hauptgang möchte sie einen Sonntagsbraten servieren.

Als geübte Köchin geht ihr das alles leicht von der Hand. Der Braten brutzelt bereits im Ofen, und der Duft lässt ein delikates Essen erahnen. Die kräftige Rindsbrühe köchelt gemütlich vor sich hin. Als Suppeneinlage gibt es Nudeln.

Während sie von der Brühe den Schaum abschöpft, muss sie daran denken, wie ihre Oma die Nudeln noch selber machte. Dazu knetete die Großmutter erst den Teig gut durch und rollte ihn dann aus. Wer meint, sie hätte dies mit einem Nudelholz getan, der irrt. Eine alte Weinflasche war ihr „Nudelholz"! Die Großmutter ging damit äußerst geschickt um und hatte in Windeseile den ganzen Teig ausgerollt. Hauchdünn war er dann, und man musste aufpassen, dass er nicht riss.

Marion oblag damals an den Sonntagen die ehrenvolle Aufgabe, den Teig heil ins kühle Schlafzimmer zu bringen. Dort durfte sie ihn auf das Paradekissen zum Trocknen legen. Später wurde der Teig wieder zusammengerollt, und die Nudeln wurden von beiden Seiten hauchdünn geschnitten. Keiner konnte die Nudeln so perfekt schneiden wie Oma. Damit die alte Frau nicht mit der Flasche hantieren musste, schenkte die Familie der Oma eines Tages ein neues Nudelholz. Die Oma nahm es, legte es in den Schrank und rollte weiter mit der Weinflasche den Nudelteig.

Das unbenutzte Nudelholz befindet sich bis heute im Besitz von Marion. Es hat einen Ehrenplatz auf dem schmucken Buffetschrank und kommt dort richtig gut zur Geltung. Marion hängt sehr an diesem Erinnerungsstück.

Schon halb eins? Marion schaut auf die Uhr und stellt mit Schrecken fest, dass es längst über die Zeit ist. Sie richtet das Essen an und wartet auf Ludwig. Der kommt und kommt nicht. Marion blickt mit gerunzelter Stirn in die Salatschüssel: Der Salat ist schon ganz zusammengefallen. Endlich hört sie, wie Ludwig pfeifend in die Küche kommt. Kess sagt sie zu ihm: „Hier oben liegt Omas Nudelholz! Wenn du noch später gekommen wärst, hätte ich es vielleicht zweckentfremdet ...“ Aber Ludwig weiß, dass seine Frau ein liebes Wesen hat, und stellt glücklich fest:

„Der beste Schatz für einen Mann ist eine Frau, die kochen kann.“

Apfelernte

Eine Wonne ist der Apfelbaum! Jedes Jahr im Oktober bestaunen Marion und Ludwig diesen Baum in ihrem Garten. Viele Äpfel hängen in den Ästen und wollen nur gepflückt werden. Schon von Weitem sticht der prächtige Baum richtig heraus, er ist jedes Jahr eine Zier.

Mit roten Backen präsentieren sich die „Boskoop-Äpfel", eine sehr alte Sorte. Es war der Obstbaumkundler Kornelis Johannes Wilhelm Ottolander, der sie im Jahr 1856 im niederländischen Boskoop entdeckte. Sie wurde danach auch bald in Deutschland angebaut und zählte schnell zu den beliebtesten Sorten. Mit seinem leicht säuerlichen Aroma schmeckt der Boskoop unverwechselbar. Er kann für Apfelmus, Bratäpfel und für Kuchen oder Torten verwendet werden. Eingekellert hält er lange frisch. In der kalten Jahreszeit dient er als Vitaminzufuhr.

„Oh, Ludwig, dieses Jahr haben wir wieder eine gute Ernte!", stellt Marion vergnügt fest. Sie hebt einen Apfel auf, der im Gras liegt, und begutachtet ihn. „Ja, wir hatten einen guten Sommer", antwortet Ludwig. „Dann wollen wir mal loslegen und die Äpfel pflücken!", fügt er unternehmungslustig hinzu und holt einen Obstpflücker aus der Gartenscheune. Gekonnt hebt er den langen Stab und lässt die Äpfel in die Auffangtasche plumpsen. Das ist die reinste Freude. Nach getaner Arbeit dichtet Marion am Abend folgende Zeilen:

Der goldene Herbst erfreut mein Gemüt,
wenn´s überall in satten Farben glüht.
Dann tanze ich im wehenden Blätterwind
ganz unbeschwert wie ein kleines Kind.

Die Äste tragen Früchte schwer.
Der Vorrat im Keller ist bereits leer.
Schnell pflück ich die reifen Äpfel nun,
will sie für kalte Zeiten in die Kiste tun.

Sie quillt bereits über und ist randvoll
die Ernte war dies´ Jahr besonders toll.
Dankbar bin ich für solcherlei Gaben
und werde zufrieden mich daran laben.

Traue meinen Augen kaum, oh Schreck
ein Igel frisst frech das Obst, ganz keck.
Ja was soll´s, denke ich jetzt mild gestimmt,
er will Futter für den Winter – ganz bestimmt.

Was lehrt uns die Natur in diesen Tagen?
Behalte nur, was du kannst auch tragen ...
Zeig dein gebendes Herz auf dieser Welt,
dann hast du sie damit ein wenig erhellt ...

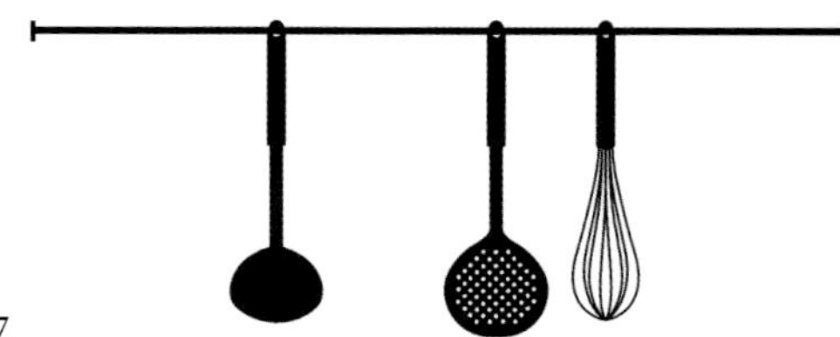

Die sprechende Teekanne

Bei Marion und Ludwig steht auf dem gedeckten Tisch eine besondere Kanne. Es ist eine unscheinbare weiße Thermoskanne, die den frisch aufgebrühten Tee lange warm hält. Das hat sie bei vielen Einsätzen bewiesen. Neu sieht sie inzwischen nicht mehr aus. Ludwig wollte sie schon in den Müll befördern, aber Marion hielt ihn zurück: „Untersteh dich, diese Teekanne wegzuwerfen, ich hänge sehr an ihr!“ Und sie zählte gleich drei Gründe dafür auf: „Erstens stammt sie aus dem Münsterland, und ich habe sie direkt beim Hersteller gekauft. Somit ist sie ein kleines Stück Heimat für mich. Zweitens hat sie uns immer gute Dienste geleistet. Und drittens kann sie sprechen!“

Darüber muss sich Ludwig nun wirklich wundern. „Wieso kann die Kanne sprechen?“, fragt er stirnrunzelnd. „Hast du denn noch nie gehört, wie sie beim Frühstück wispert?“, entgegnet Marion. Ludwig überlegt und antwortet: „Ich höre bloß, dass der Deckel komische Töne von sich gibt!“ Und genau das meint Marion: Auch wenn der Deckel wirklich fest zugedreht ist, „räuspert“ sich die Kanne unentwegt. Marion behauptet fest, dass sie mit ihnen spricht. „Überlege doch mal, wo sie schon überall mit uns war. Es ist eine weit gereiste Teekanne. Und du weißt doch: *Wenn jemand eine Reise tut, so kann er was erzählen.*“ „Jetzt übertreibst du aber, liebe Marion“, sagt Ludwig. Er glaubt eher, dass die Kanne vielleicht kaputt ist.

Da beginnt Marion, von den Reisen der Teekanne zu erzählen: „War sie denn nicht mit im Urlaub auf Island? Wir saßen beim Picknick an der spektakulären Südküste, die Brandung tobte, der

Wind wehte uns um die kalte Nase … Wie waren wir froh, in diesem Moment einen heißen Schluck Tee trinken zu können! Mit der Tasse in der Hand haben wir den Ausblick auf die grandiose Natur genossen, hast du das vergessen?“

„Ja, das war ein unvergessliches Erlebnis“, erinnert sich Ludwig. Ihm fällt eine große Herbstwanderung mit Freunden im Bayerischen Wald ein, bei der die Teekanne ebenfalls gute Dienste leistete. „Die üppige Brotzeit mit den selbstgemachten Köstlichkeiten und dem heißen Tee war eine feine Sache.“ Marion und Ludwig haben viele schöne Fahrten zusammen erlebt. „In Rügen war die Kanne auch mit, dort tranken wir Tee auf der zugigen Seebrücke in Sellin!“, bemerkt Ludwig gedankenverloren.

„Genau! Unsere Kanne ist eine treue Begleiterin, und sie gehört einfach zu uns“, bekräftigt Marion. Da muss Ludwig seiner Frau doch Recht geben. „Schenk mir noch mal eine Tasse Tee ein!“, bittet er sie. Die zwei schwelgen weiter in Reiseerinnerungen, und die Kanne wispert leise dazu.

Island-Lamm

Insel auf der Nordhalbkugel mit sechs Buchstaben? – Island! Für Marion und Ludwig ist Island mehr als die Lösung einer typischen Kreuzworträtselfrage.

Als wahre „Island-Fans“ bereisten Ludwig und Marion die Insel schon viermal. Bei jedem Aufenthalt entdecken sie neue spannende Orte. Sie sind von der Insel fasziniert. Das kleine Island liegt fast am Polarkreis und ist das nördlichste Land Europas. Die *Insel aus Feuer und Eis*, wie sie auch genannt wird, ist bekannt für ihre hohe Vulkanaktivität. Es gibt viele heiße Quellen dort – überall blubbert es aus der Erde. Diese Quellen nennt man Geysire. Der größte Geysir stößt in regelmäßigen Abständen eine riesige Fontäne in die Luft. Ein beeindruckendes Naturschauspiel. Die heißen Geysire können einen an riesige Kochtöpfe erinnern, in denen beispielsweise Nudeln gar werden.

Island ist ein Paradies für Feinschmecker. Die Restaurants bieten eine hohe Kochkunst, und die Frische der Waren ist unübertroffen. Da Ludwig und Marion ausgesprochene Genießer sind, wissen sie solch ein kulinarisches Angebot sehr zu schätzen.

Ludwig bestellte auf Island oft frischen Lachs. Er schwärmt bis heute davon, dass der isländische Lachs der beste sei. Marion schwört auf Lamm und ist von dem Geschmack jedes Mal hingerissen. Bei ihrer letzten Reise nahmen sie deshalb sogar isländisches Lamm mit nach Hause. Sie kauften das Fleisch in einem Supermarkt in Reykjavik, der Hauptstadt Islands, ein. Es war luftdicht verpackt, sodass es den Rückflug gut überstand.

Zu Hause luden sie ihre Freunde ein, um vom Urlaub zu berichten und gemeinsam das Island-Lamm zu genießen. Marion besorgte sogar extra kleine Island-Fähnchen, um den Tisch passend zu dekorieren. Bei einem guten Glas Wein wurde auf den zurückliegenden Urlaub angestoßen. Als Marion jedoch den ersten Bissen von ihrem Lamm aß, stutzte sie: Es schmeckte ganz salzig! Sie verzog das Gesicht und erschrak, als sie die betretenen Minen ihrer Gäste sah. Der Geschmack war wirklich gewöhnungsbedürftig. Ludwig sagte: „*Andere Länder, andere Sitten!*“, und lachte. Die Gäste lachten einfach mit.

Das Lamm war auf typisch isländische Weise gepökelt worden und schmeckte daher völlig anders, als Marion es aus den Restaurants kannte. Die isländische Beschriftung auf der Verpackung hatte sie nicht lesen können …

Als alle den ersten Schreck überwunden hatten, langten sie trotzdem ordentlich zu und tranken reichlich Wein, um den Salzgeschmack ein wenig abzumildern. Es wurde ein besonders lustiger Abend, der allen erst recht in Erinnerung blieb.

Wikinger-Essen

„Das muss ich unbedingt sehen!", denkt sich Marion. Sie hat in der Zeitung einen Artikel über eine interessante Wikinger-Ausstellung entdeckt und ist sofort Feuer und Flamme. Da sie und ihr Mann Ludwig schon einige Male nach Island gereist sind und sehr für das Land schwärmen, dürfen sie diese Gelegenheit nicht verpassen! Natürlich sollte auch ihr Enkelkind Alexander bei dem geplanten Ausstellungsbesuch dabei sein.

Bereits am Eingang können sie die erste Attraktion bestaunen. Dort steht ein Wikingerschiff in Originalgröße mit rot-weiß gestreiften Segeln. Über eine Treppe kann man sogar zum Innenraum des Schiffes gelangen. Ruck, zuck, ist Alexander an Bord und winkt seinen Großeltern zu. Er klatscht beide Hände über dem Kopf zusammen und ruft laut: „Hu, Hu, Hu!" Dieser legendäre Schlachtruf machte die isländische Fußballmannschaft zu den Lieblingen der Weltmeisterschaft 2016. An die „Fußball-Wikinger" erinnert sich Alexander gut.

In den Ausstellungsräumen sind wertvolle Exponate zu sehen, und es ist viel über das Leben der Wikinger zu erfahren. Sie waren nicht nur gefürchtete Plünderer, sondern auch Bauern und Viehzüchter. Sie lebten mit den Familien auf ihren Gehöften, und die Frauen waren für die Versorgung von Haus und Hof zuständig. Sie verstanden sich besonders gut auf die Vorratshaltung, denn im Norden war der Winter lang und kalt.

Marion ist von den Schmuckstücken der Wikingerfrauen fasziniert, von den filigranen Gewandnadeln aus Bronze und den

Ketten aus Bernstein. Ludwig widmet sich den Ausstellungsstücken aus Schmiedekunst und ist von den reich verzierten Schwertern angetan. Alexander erfährt, dass nicht Kolumbus als Erster in Amerika war, sondern Leif Erikson aus Island. Er trug den Beinamen „der Glückliche“. Bereits 500 Jahre vor Kolumbus entdeckte er „Vinland“. Damit ist Neufundland gemeint.

Nach einiger Zeit merkt Ludwig, dass ihm der Magen knurrt. „ So ein Museumsbesuch macht hungrig. Ich brauche was zwischen die Zähne“, sagt er. Deshalb schlägt er vor, jetzt erst einmal im Restaurant zu stranden! Alle stimmen ihm zu. Im Restaurant gibt es typische „Wikingergerichte“. Ludwig probiert die schwedischen „Kötbullar“, das sind kleine Hackbällchen. Alexander hat Hunger auf ein Fladenbrot mit frischem Skyr, einer Art Quark. Marion findet, dass Fisch gut zum Seefahrervolk passt. Oder doch lieber Lamm? Sie kann sich heute nur schwer entscheiden. Alexander schafft Abhilfe mit einem Abzählreim: *„Ene, mene, meck, und du bist weg!“* Das Lamm bleibt übrig! Etwas überrumpelt bestellt Marion beim Kellner das Lamm-Gericht. Es ist sehr lecker! „Das war eine gute Entscheidungshilfe!“ Sie lacht und bedankt sich bei Alexander. Der stibitzt sofort einen Probierhappen von ihrem Teller.

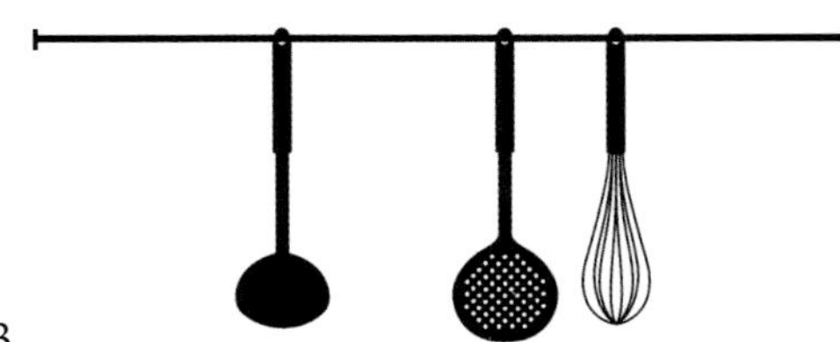

Halloween-Kürbis

Alexander kommt – wie so oft am Freitag – nach der Schule zu Oma und Opa. Diesmal beeilt er sich besonders, da die Großmutter Marion versprochen hat, mit ihm einen Halloween-Kürbis auszuhöhlen. In den letzten Jahren ist es immer beliebter geworden, neben dem Erntedank-Fest auch das amerikanische Halloween-Fest zu feiern.

Nichts leichter als das, denkt sich Marion, denn im Garten liegen einige prächtige Kürbisse. Zusammen mit ihrem Enkel stapft sie in Gummistiefeln zum Beet. „Welchen möchtest du?“, fragt Marion, die eine Gärtnerin mit Leib und Seele ist. „Den da“, sagt Alexander und zeigt auf einen wohlgeratenen Kürbis, der in der Nähe des Komposthaufens gut gediehen ist. „Oh, ist der schwer“, stellt Marion fest und schleppt das Prachtstück in die Küche.

Alexander mustert es und fragt: „Oma, ist ein Kürbis Obst oder Gemüse?“ Die Frage ist gar nicht dumm, denkt die Großmutter. Botanisch gehört er zu den Früchten, wie auch Paprika, Tomaten und Gurken. Ihrem Enkel erklärt sie es ganz genau: „Er gilt als Obst, weil er eine befruchtete Blüte hat. Einjährige Pflanzen ohne Süße oder Fruchtsäure nennt man aber *Fruchtgemüse.*“

Alexander seufzt. Man sieht, dass es „rattert“ in seinem Kopf – Obst oder Gemüse, das ist für ihn immer noch nicht klar. Marion meint beruhigend: „Also ich esse Kürbis in der Regel als Suppe oder als Gemüse. Daher ist Kürbis für mich ein Gemüse. Für heute ist es eigentlich egal, lass uns lieber weitermachen!“ Marion holt einen Filzstift und malt nach Alexanders Anweisungen gekonnt ein Gesicht auf den harten Kürbis.

Mittlerweile gesellt sich der Großvater, Ludwig, dazu und bietet an, den Kürbis auszuhöhlen. Das ist gar nicht so einfach, denn man braucht Kraft dazu. Ludwig holt eine Säge und ein Teppichmesser und legt los. Gekonnt sägt er zuerst einen Deckel von dem Kürbis ab. Jetzt darf Alexander helfen. Mit einem großen Löffel entfernt er die Kerne aus dem Kürbis. Ludwig schabt dann das Fruchtfleisch heraus. „Das gibt eine feine Kürbiscremesuppe“, freut sich die Hausfrau.

Nun schnitzt Ludwig mit dem Teppichmesser das typische „Halloween Gesicht“ in den Kürbis. Beim Mund rutscht er ein wenig ab, sodass der Kürbiskopf ein schiefes Lachen bekommt. Alexander und Marion sind zunächst skeptisch. Aber dann finden sie, dass der Kopf dadurch erst recht etwas Besonderes ist. „Der sieht aus wie Heinz Schenk in seinen besten Zeiten!“, witzelt Ludwig und kann sich vor Lachen kaum halten. Alexander weiß natürlich nicht, wer Heinz Schenk ist, aber er findet das Gesicht inzwischen richtig gelungen. Denn dieser Kürbiskopf sieht nicht aus wie hundert andere – er ist einzigartig.

Großeltern und Enkel sind mit ihrem gemeinsamen Werk sehr zufrieden. Und später wird es eine leckere Kürbissuppe geben!

Schokoladenblätter zu Allerheiligen

Wer kennt sie nicht, die trübe Jahreszeit, wenn der Sommer sich längst verabschiedet hat und die ersten Herbststürme über das Land fegen. Die bunten Blätter fliegen dann durch die Lüfte, ehe sie auf der Erde landen und vergehen. Im nächsten Frühjahr kommen sie neu zum Vorschein. Die Natur macht uns das immerwährende „Stirb-und-Werde"-Prinzip vor.

Allerheiligen ist für Marion ein wichtiger Tag. Am Vormittag geht sie mit ihrem Mann Ludwig zum Friedhof und legt bei Ludwigs verstorbenen Verwandten frische Blumen nieder. Die Gräber ihrer eigenen Familie sind weit weg, und ein Besuch ist nur selten möglich. Aber sie hat alle tief in ihrem Herzen, und in der Nacht zum 1. November zündet sie eine große Kerze für alle an.

Am Nachmittag besucht Marion ihre Schwiegermutter im Seniorenheim, wo jedes Jahr eine Gedenkfeier ausgerichtet wird. Bei einem gemeinsamen Kaffeetrinken, das im großen Saal stattfindet, werden die Namen der Bewohner vorgelesen, die verstorben sind. Diesmal ist eine gute Freundin der Schwiegermutter dabei. Die beiden älteren Damen verstanden sich gut und gingen jeden Tag zusammen ins Café. Dort haben sie viel geredet und zum Kaffee manchmal ein Stück Torte gegessen. Auch Marion kannte die sympathische Dame, die immer *wie aus dem Ei gepellt* aussah. Eine feine Frau war sie, tröstet Marion ihre Schwiegermutter und hält ihre Hand.

Auf der Kaffeetafel im Saal liegen verstreut ganz besondere Süßigkeiten: Es sind Schokoladenblätter, die in buntes Papier eingewickelt sind. Von der Decke hängen zudem echte Blätter an Bindfäden, und auf jedem Blatt steht der Name eines verstorbenen Heimbewohners. Das ist ein versöhnliches Bild, findet Marion, und betrachtet die Dekoration. „Die Blätter werden zu Humus, der wiederum neues Leben ermöglicht", fällt ihr dazu ein, und sie überlegt weiter: „Dieser Kreislauf macht die Trauer doch viel erträglicher, denn ohne Tod gibt es kein Leben." Ihre Schwiegermutter lächelt und sagt: „Ja, liebe Marion, wir müssen alle mal gehen, und es ist schön zu wissen, dass wir nicht allein sind. Ich habe großes Vertrauen in die göttliche Schöpfung. Ich bin sicher, dass meine Freundin nun in besten Händen ist."

Marion nimmt eines von den süßen Schokoladenblättern, packt es aus dem bunten Papier und reicht es ihrer Schwiegermutter. Dabei erinnert sie sich an ein Gedicht aus ihrer Schulfibel:

Ihr bunten Blätter, fliegt geschwind
noch einmal durch den rauen Wind.
Um Ruhe zu finden, legt euch bald nieder.
Im Frühling schon, da kommt ihr wieder!

Salbei, der Retter

Ludwig ist heute nicht zur Arbeit gegangen, sondern zu Hause geblieben. Er fühlt sich gar nicht gut. Ihm tun alle Knochen weh, und er klagt über Halsschmerzen. „Oh, Ludwig da hast du dir wohl eine Erkältung eingefangen“, stellt seine Frau Marion fest. Ludwig knurrt nur: „Das ist ja kein Wunder bei dem scheußlichen Novemberwetter.“ Nach einigen milden Tagen ist heute plötzlich der erste Schnee gefallen. Marion sieht hinaus: „Das ist gar kein richtiger Schnee, das ist ja nur Matsch!“, beschwert sie sich.

Ludwig sitzt zusammengekauert in der Küche und schaut auf. Er hustet und röchelt besonders ausdrucksstark, sodass Marion gar nichts anderes übrig bleibt, als ihren Mann zu bedauern. „Ach, du Armer, dich hat es ja wirklich erwischt!“, sagt sie mitfühlend.

Marion hält nichts davon, bei den kleinsten Wehwehchen mit Tabletten aufzuwarten. Viel lieber wendet sie die „guten alten Hausmittel“ an. Sie holt ein paar Salbeiblätter aus dem Schrank und gießt diese mit kochend heißem Wasser auf.

„Weißt du, Ludwig, es gibt ein altes Sprichwort: *Wer Salbei baut, den Tod nicht schaut.* Das kommt nicht von ungefähr!“ Marion weiß noch mehr dazu: „Schon Hildegard von Bingen behandelte mit Salbei akutes Fieber und Erkältungen. Und selbst die Römer kannten die Heilwirkung von Salbei. Sie waren überzeugt, dass diese Pflanze ewiges Leben schenkt. Bei den Römern hieß es nämlich: *Wie kann ein Mensch sterben, wenn Salbei in seinem Garten wächst?*“

„Woher weißt du das nur alles?", fragt Ludwig bewundernd. Darauf hat Marion eine klare Antwort: „Das hat mir meine Oma beigebracht. Wir haben früher so gut wie nie Medikamente eingenommen. Heute wird oft schon beim kleinsten Zipperlein hochdosierte Medizin verabreicht. Selbst bei einer normalen Erkältung werden Antibiotika eingesetzt." Marion gerät ein wenig ins Protestieren über die Methoden der modernen Medizin – und Ludwig hustet.

Da reicht sie ihrem leidenden Mann die Tasse mit dem abgeseihten Sud. „Danke", sagt Ludwig erwartungsvoll. Er vertraut dem Wissen seiner Frau. Ludwig trinkt einen ersten kleinen Schluck und verzieht sofort heftig das Gesicht. „Igitt, schmeckt ja scheußlich, dieses Römergesöff !", prustet er heraus. „Das soll auch nicht gut schmecken, sondern helfen", entgegnet Marion mit fester Stimme. Natürlich trinkt Ludwig die Tasse brav aus – erst recht seit er weiß, dass der Salbei als „Retter" der Römer in die Geschichte eingegangen ist.

Marion beobachtet schmunzelnd ihren Gatten und offenbart ihm weitere gesundheitsfördernde Maßnahmen. „Vielleicht ist dir ein warmes Bier lieber? Das mache ich dir dann später, vor dem Schlafengehen."

Oje, denkt sich Ludwig – und hofft auf baldige Genesung.

Martinsgans

Seit Tagen freut Marion sich darauf, und ihrem Mann, Ludwig, läuft beim Gedanken an den Gänsebraten das Wasser im Mund zusammen: Jedes Jahr am 11. November trifft sich die ganze Familie in einem Restaurant zum traditionellen Martinsgans-Essen. Marion reserviert rechtzeitig einen Tisch für fünf Personen. Bevor allerdings der Schmaus beginnt, wird im Ort ein Martinsumzug besucht. Bei Einbruch der Dunkelheit ziehen die Kinder mit ihren Laternen durch die Straßen und singen: *„Ich geh mit meiner Laterne, und meine Laterne mit mir."* Oder: *„Laterne, Laterne, Sonne, Mond und Sterne!"* Zum Schluss trifft der Lichterzug am Marktplatz ein.

Der Höhepunkt ist das Martinsspiel, bei dem die Legende nachempfunden wird. Sie besagt, dass der Heilige Martin von Tours seinen Mantel mit einem Bettler teilte. Und tatsächlich führt ein römischer Reiter den Umzug an. Er sitzt auf einem imposanten Schimmel und trägt einen roten Umhang. Durch die Menge geht ein Raunen und Staunen, und die Kinder blicken ehrfürchtig zu St. Martin empor.

Mit der Aufführung wird dem Leben und Wirken des Bischofs Martin gedacht. Er wurde heiliggesprochen und gilt als Schutzpatron der Reisenden und Reiter, der Armen und der Bettler. Von ihm können wir Nächstenliebe und Barmherzigkeit lernen.

Nach der berührenden Veranstaltung macht sich die Familie auf zum jährlichen Gans-Essen. Alle freuen sich schon auf das knusprige Federvieh, und der Großvater Ludwig fragt in die Runde: „Wisst ihr denn überhaupt, warum am 11.11. Gans gegessen wird?" Alexander, sein aufgeweckter Enkel, meldet sich gleich zu Wort und sagt: „Ja, Opa, das habe ich in der Schule gelernt!“ Der Junge beginnt zu erzählen, und alle am Tisch hören aufmerksam zu:

„Früher mussten die Bauern am 11. November ihre Pacht bezahlen. Viele zahlten in Naturalien, meistens mit einer Gans. Gänsefett war sehr kostbar. “ Da hatte Alexander in der Schule gut aufgepasst! Und der Opa wusste noch mehr: „Ja, die Tiere galten als Währung der armen Leute. Knechte und Mägde, die aus dem Dienst entlassen wurden, erhielten ebenfalls eine Gans. Es heißt auch, dass auf den Bauernhöfen ein Gänse-Essen zum Abschied für das Gesinde stattfand. Außerdem beginnt am 11. November die voradventliche Fastenzeit.“

Michael, Alexanders Vater, fällt ein, dass die Römer Gänse hielten, um das Heer zu bewachen. „Sie schlagen besser als Wachhunde an und schnattern sofort, wenn Fremde eindringen“, erklärt er.

„Schnattern können aber nicht nur Gänse!“, wirft seine Frau Simone ein und bringt damit die ganze Runde zum Lachen. Marion hebt ihr Glas und sagt: „Lasst uns das Beisammensein genießen und uns an dem schönen Essen erfreuen. Aber denken wir auch – wie St. Martin – an die Menschen, denen es schlechter geht.“

Nikolausstiefel

Der achtjährige Alexander ist schwer beschäftigt. Er putzt seine Winterstiefel auf Hochglanz. Dazu spuckt er wie ein „Alter“ auf das Leder und poliert, was das Zeug hält.

Er möchte einen der Stiefel für den Nikolaus vor die Tür stellen in der Hoffnung, ihn am nächsten Morgen mit Gaben befüllt vorzufinden.

„Der Nikolaus schaut allerdings genau, ob der Stiefel auch sauber geputzt ist!“, ruft seine Mutter aus der Küche. „Ja, Mama, ich weiß! Wenn sie nicht sauber sind, legt der Nikolaus Kohlen hinein.“, antwortet der Junge grinsend. Eigentlich glaubt Alexander ja nicht mehr an den Nikolaus, aber auf die liebgewonnene Tradition möchte er keinesfalls verzichten. Und er freut sich jedes Jahr auf die kleinen Geschenke.

„Heute Morgen habe ich in der Zeitung gelesen, woher der Brauch stammt“, sagt seine Mutter. Alexander erzählt, was er in der Schule darüber gelernt hat: „Der 6. Dezember ist der Todestag des Heiligen Nikolaus. Er war der Bischof von Myra und soll viele gute Taten und sogar Wunder vollbracht haben.“ „Da hast du Recht, Alexander“, antwortet die Mutter. Sie kann Alexander sogar noch mehr zu der Legende erzählen.

„Ein armer Vater hatte kein Geld, um seinen drei Töchtern eine Mitgift zu geben. Er musste sie als Mägde verkaufen, und sie konnten nicht heiraten. Der Heilige Nikolaus erfuhr von der Not der Familie. Er warf an drei aufeinanderfolgenden Nächten jeweils einen Klumpen Gold durch das Fenster. So hatte jede der Töchter die notwendige Mitgift und konnte heiraten. Im angelsächsischen Raum heißt es, der Heilige Nikolaus warf das Gold durch einen Kamin. Der dritte Klumpen landete in einem Socken, der über dem Kamin hing.

Seitdem stellen die Kinder Schuhe hinaus oder hängen Socken auf und warten, dass der Nikolaus etwas hineinlegt. So ist Nikolaus zum *Schutzpatron der Schüler und Kinder* geworden." „Toll, Mama, dann habe ich ja einen eigenen Schutzpatron", freut sich der Alexander und stellt den blitzblanken Stiefel vor die Tür.

Am nächsten Morgen findet Alexander einen reichlich gefüllten Stiefel vor. Er quillt fast über vor lauter Nüssen, Mandarinen und Lebkuchen. Auch ein edler Schokoladen-Nikolaus liegt im Stiefel. Als besonderes Geschenk liegt ein Puzzle daneben. Das hatte sich Alexander schon lange gewünscht!

Der zappelnde Karpfen

Knusprig gebackenen Karpfen … Den gab es früher bei Marions Familie immer an Weihnachten! Marions Mutter war als Spätaussiedlerin aus Oberschlesien nach Westfalen gekommen. Dort musste sie sich ein neues Leben aufbauen. Ihr war es allerdings leicht gefallen, sich zu integrieren. Natürlich wurden manche Gepflogenheiten beibehalten, so auch der typische gebackene Karpfen auf dem weihnachtlichen Speiseplan! Und in diesem Jahr möchte Marion es zu Heiligabend genauso machen. Vor allem zu den Festtagen werden die Traditionen gepflegt.

Marions Mutter kaufte den Karpfen für das Weihnachtsfest am Vortag frisch auf dem Markt. Er schwamm noch im Bassin, ehe der Fischhändler ihn schnappte und in Papier einwickelte. Marion erinnert sich noch genau, wie es war, als man ihr zum ersten Mal die Tasche in die Hand drückte, damit sie den Karpfen nach Hause trug. Nach ein paar Schritten bewegte sich die Tüte, und es zappelte im Papier! Vor Schreck ließ sie die Tasche fallen und wurde von der Mutter ausgeschimpft. Die hob die Tüte auf und trug sie selbst nach Hause. Noch lange Zeit hat Marion dieses kindliche Erlebnis beschäftigt.

Es gab sogar Jahre, in denen der Karpfen zu Hause zunächst in der Badewanne einquartiert wurde. Marion, die damals ein kleines Mädchen war, sprach mit dem Fisch und hätte ihn am liebsten befreit. Aber sie wusste, das wäre keine gute Idee gewesen. Spätestens am folgenden Tag schritt ihre Großmutter zur Tat. Sie zog dem Karpfen eins über und bearbeitete dann den Fisch, bis er küchenfertig war. Die meiste Arbeit machte das Säubern; die abgelösten Schuppen wurden getrocknet.

Der Karpfen kam dann mit viel Butter in die Pfanne, getreu dem Motto: *„Der Fisch will dreimal schwimmen: im Wasser, im Schmalz und im Wein."* Als Beilage wurden Sauerkraut und Kartoffeln gereicht. Zuvor gab es eine delikate Fischsuppe, denn der Fischkopf war gut ausgekocht worden.

Zu dem Karpfen-Essen gehörte noch ein Brauch: Wenn die Tafel festlich geschmückt war und alle Kerzen brannten, legte die Großmutter kleine Briefchen unter die Suppentasse. In den Briefchen befanden sich die getrockneten Schuppen des Karpfens, die das ganze Jahr über Glück und Wohlstand bringen sollen.

Der Karpfen, den Marion dieses Jahr kauft, zappelt nicht mehr in der Einkaufstasche. Aber Marion wird den Glückskarpfen ebenso zubereiten, wie ihre Mutter es getan hat. Sie wird ihn mit Kartoffeln und Sauerkraut servieren und für jeden am Tisch ein paar Schuppen unter den Teller legen, damit die Familientradition weiterlebt und ihren Lieben nur Glück widerfährt.

Der Speicherfund

Marion will einen alten Staubsauger auf den Speicher tragen. In der Wohnung steht er nur im Weg, denn sie hat inzwischen ein neues Gerät. Ihr Enkel Alexander ist heute zu Besuch, und er darf mit auf den Speicher.

Der neugierige Junge inspiziert eifrig all die Sachen, die ihm ins Auge stechen. Da steht neben einem Nierentisch eine alte Stehlampe aus den Fünfzigerjahren. „Oma, die ist jetzt wieder modern", ruft er der Großmutter zu. Marion hat den alten Staubsauger zu anderem Sperrmüll gestellt und kramt in einem Karton umher. „Mein Gott, wie viel Gerümpel sich doch so anhäuft!", stellt sie erstaunt fest. Ihre Aufmerksamkeit richtet sich nun auf eine uralte Truhe, die ganz hinten in einer Ecke steht. Sie zieht sie ein Stück nach vorn und öffnet den verstaubten Deckel. Gleich strömt ihr ein leicht muffiger Geruch entgegen. Aber Marion ist glücklich über das, was sie entdeckt: In der Truhe liegen zwei handgestickte Tischdecken aus gutem Leinen. Auch eine alte Strickjacke kommt zum Vorschein. Und was ist das? Ganz unten liegt ein altes Buch. Marion nimmt es vorsichtig an sich.

Es ist eigentlich eher ein Heft als ein Buch. Auf dem Umschlag steht in Handschrift geschrieben: „Essen ist fertig. Meine Rezeptesammlung". Von wem kann das sein? Neugierig blättert Marion in dem Fundstück. Sie muss sich anstrengen, um die Schrift lesen zu können. Die Texte sind nämlich fein säuberlich in Sütterlinschrift verfasst. Beim Blättern stößt sie auf eine Textpassage, in der es heißt „die Rouladen mit Mostrich bestreichen"! Nun ist sich Marion ganz sicher, dass die Rezepte-Sammlung aus ihrer Familie stammt. Vielleicht von ihrer Großmutter? Denn in Oberschlesien, woher ihre Großmutter stammt, sagt man „Mostrich“ statt „Senf“. Marion blättert weiter in der Rezepte-Sammlung und findet plötzlich einen zeitlichen Anhaltspunkt: auf einer der letzten Seiten steht das Rezept für einen „Silvesterpunsch anno 1935“.

Marion wird es richtig warm ums Herz. Das Erbe ihrer Großmutter hält sie da in den Händen! Sie könnte vor Freude und Rührung weinen. Diese handschriftlichen Aufzeichnungen ihrer Oma wird sie *hüten wie ihren Augapfel*. Sie sind für Marion ein Schatz von unermesslichem Wert!

Alexander sieht, wie Marion sich schnell eine Träne wegwischt. Er nimmt seine Oma in den Arm und fragt: „Oma, was ist passiert?“ Marion räuspert sich und antwortet: „Ich bin gerade *meiner* Oma begegnet, denn ich habe etwas Wundervolles von ihr gefunden: ihre ganz persönliche Rezepte-Sammlung! Die Rezepte sind sehr alt – älter als ich!“

Da muss sogar der Junge staunen. Augenzwinkernd fragt er gleich: „Oma, kochst du mir dann mal was aus dem Buch von deiner Oma?“ Das verspricht Marion ihm gern!

Noch mehr Plaudergeschichten

Annette Röser
Plaudergeschichten
für ein ganzes Jahr
Die Sonne im Herzen
ISBN 978-3-944360-66-9

Wirklich kurze Geschichten –
das Geschenk für ältere Menschen

Geschichten, die zum Plaudern einladen!

50 Geschichten – nicht länger als zwei Minuten – laden zum Plaudern und Erzählen ein.

Im Mittelpunkt der „Plaudergeschichten für ein ganzes Jahr“ steht die Familie von Greta und Karl, ihren Kindern Lukas und Lisa – und natürlich den von beiden geliebten Großeltern.

Woche für Woche erleben sie gemeinsam viele schöne Momente und begleiten den Leser durch ein ganzes Jahr.

Einfach geschrieben und immer fröhlich, wecken die kurzen Geschichten aus dem Alltag Erinnerungen an eigene Erlebnisse und bieten viele Anknüpfungspunkte für Plaudereien.